AF602274

LES

# EAUX D'ALIMENTATION

## De la Ville de Carcassonne

---

**LEUR HISTOIRE. — LEUR ROLE AU POINT DE VUE HYGIÉNIQUE**

PAR

**O. SARCOS**

Docteur en Pharmacie,

Membre du Conseil Central d'Hygiène et de Salubrité Publique du Département de l'Aude

CARCASSONNE

Imprimerie André GABELLE, Rue Barbès, 5

1900

# INTRODUCTION

La question de l'alimentation d'une ville en eau potable est une de celles qui doivent intéresser au premier chef toute Administration soucieuse des intérêts qui lui sont confiés ; car, l'état sanitaire de la population est intimément lié à la qualité de l'eau qui lui est distribuée ; c'est ce qui a permis à M. Brouardel d'écrire très justement : « La fièvre typhoïde est le réactif de l'eau fournie à une ville. »

Pour avoir méconnu cette vérité, la ville de Carcassonne est devenue tristement célèbre dans les annales de la fièvre typhoïde ; elle tenait il y a quelques années le premier rang parmi les villes où cette maladie sévissait avec le plus d'intensité.

On a cherché, depuis quelque temps, à porter remède à cet état de choses et d'importants travaux ont été faits pour modifier la qualité des eaux.

Il nous a paru intéressant de rechercher quelle était au point de vue hygiénique la valeur des nouvelles eaux que l'on se proposait de donner à la population.

Ce travail a été commencé en 1895. Nous fîmes alors l'analyse chimique et bactériologique de trois échantillons d'eaux provenant des premiers travaux d'un projet que l'on se proposait de mettre à exécution.

Le résultat de ces premières recherches a été publié au mois de Mars 1896 (1).

Depuis, une nouvelle municipalité a succédé à celle de 1895 ; le projet élaboré par celle-ci a été en partie abandonné et de nouvelles études ont été faites pour tâcher de fournir à la population l'eau filtrée qui lui est nécessaire.

Nous avons été ainsi amené à examiner la qualité de ces nouvelles eaux et à les comparer avec les premières. Mais, disposant cette fois-ci de beaucoup plus de temps qu'en 1895, il nous a été permis d'étudier leurs variations sous l'influence de la sécheresse, de la pluie et des inondations et de rechercher les modifications que leur fait subir leur passage à travers les différentes parties des conduites et des canalisations.

Nous avons aussi analysé les eaux de quelques puits situés dans les divers quartiers de la ville.

L'ensemble de toutes ces recherches a été réuni dans ce travail de façon à présenter la question sous toutes ses phases.

Cette étude est divisée en trois parties :

La première renferme trois chapitres ; le premier est consacré à l'*Histoire de l'Alimentation de la Cité en eau potable* ; le deuxième à celle de *Carcassonne, ville*

---

(1) O. Sarcos. — Etude Chimique et Bactériologique des Eaux d'Alimentation de la ville de Carcassonne. — Thèse de Toulouse. 1896.

*basse* (1); le troisième à la *Géographie* et à la *Géologie du cours de l'Aude.*

Dans la seconde partie sont décrites succinctement les méthodes qui ont servi à faire les analyses.

La troisième partie comprend le résultat de ces analyses, l'examen de la valeur des eaux au point de vue hygiénique et l'influence qu'elles ont exercé sur l'état sanitaire de la ville, enfin nos conclusions.

En terminant cette introduction, il nous est agréable de nous acquitter d'une dette de reconnaissance et de remerciements :

Notre excellent ami M. le docteur Rispal, aide-major au 17me Régiment de Dragons, a bien voulu suivre pas à pas tous nos travaux ; il nous a aidé de ses conseils éclairés et il nous a fourni de précieux renseignements résultant de ses recherches personnelles.

M. Cazanave, Inspecteur adjoint des Forêts, a mis à notre disposition les documents officiels qu'il possédait et qui nous ont permis d'écrire la *Géographie et la Géologie du cours de l'Aude.*

M. Gaston Jourdanne, correspondant du Ministère de l'Instruction publique, nous a laissé puiser avec la plus grande complaisance dans son admirable bibliothèque, et il nous a guidé de ses conseils d'érudit dans la rédaction de l'*Histoire de la Cité.*

M. Alieu, grâce à sa profonde connaissance des archives municipales, nous a beaucoup facilité nos recherches historiques.

---

(1) La plus grande partie de ce deuxième chapitre a été publiée en 1896.

L'amabilité de M. Tisseyre, commis des Ponts et Chaussées, et de M. Philippon, dessinateur au bureau de l'Architecte de la ville, nous ont permis de pouvoir publier la carte qui se trouve à la fin de cet ouvrage.

Qu'ils reçoivent tous ici l'expression de nos plus sincères remerciements et de notre profonde reconnaissance.

O. S.

1er Novembre 1900.

---

# PREMIÈRE PARTIE

## CHAPITRE PREMIER

### Les Eaux d'Alimentation de la Cité

On ne sait rien d'exact sur l'époque à laquelle la Cité de Carcassonne a été fondée.

M. G. Jourdanne, qui fait autorité en la matière, pense qu'il s'agit d'une Cité Phénicienne.

Quoi qu'il en soit, elle existait à l'époque Romaine; César (1) et Pline (2) en parlent dans leurs écrits et Viollet-le-Duc (3) dit que la première enceinte intérieure de la Cité fut commencée sur les débris des fortifications Romaines, sous le règne de Théodoric, roi des Wisigoths, qui s'empara de Carcassonne en 436.

On ne trouve presque pas de traces, à la Cité, de travaux de captage des eaux faits par les Romains; ceux-ci cependant avaient l'habitude d'en effectuer dans

---

(1) César : *Bello Gallico*; III, XX.

(2) Pline : III. V. 6.

(3) Viollet-le-Duc : *Cité de Carcassonne*, page 1.

les pays où ils s'établissaient. « A Rome, l'emploi de l'eau à profusion et jusqu'au gaspillage, pour les usages publics et privés, devint un véritable besoin, à tel point que pour capter la faveur populaire, il n'était pas de moyen plus sûr que de consacrer des sommes considérables à la construction d'ouvrages pour l'amenée, la distribution, l'utilisation des nouvelles eaux. Aussi les Romains n'ont-ils reculé devant aucune difficulté matérielle, aucun obstacle, aucun sacrifice pour se procurer de l'eau en abondance, et ils ont poussé si loin l'art de l'Hydraulique que leurs travaux sont encore aujourd'hui l'objet de notre admiration ; les types grandioses d'ouvrages qu'ils ont laissé, l'organisation remarquable de leurs services sanitaires, font de l'ancienne Rome la ville classique des distributions d'eau et de leurs applications (1). »

Les seuls vestiges d'un aqueduc romain que l'on rencontre à la Cité sont à l'Est, à peu de distance des remparts. Cet aqueduc devait servir à mener dans la ville les eaux vives réunies sur le côteau voisin. Le petit ruisseau ainsi formé est le *Rech d'Agulhane* qu'alimente en partie la très ancienne fontaine du *Tricot* ou du *Terret* qui existe encore aujourd'hui. Elle est enfermée sous une voûte ogivale au fond d'une petite cour dallée au-dessous des terrains voisins.

La proximité de l'Aude, qui à cette époque passait aux pieds de la ville, permettait aux habitants d'avoir l'eau qui leur était nécessaire pour l'alimentation et pour les besoins domestiques.

Ce ne fut, très probablement, que lorsqu'ils élevèrent des fortifications pour se défendre contre leurs ennemis, qu'ils

---

(1) Bechmann ; *Distribution d'eau.*

songèrent à se procurer, dans la ville même, l'eau dont ils ne pouvaient se passer pour soutenir un long siège.

Et c'est alors qu'ils dûrent construire les puits et les citernes, dont on trouve encore les traces dans les murailles de la ville, car il n'existe dans la Cité qu'une seule source. Elle se trouve à la porte de l'Aude, et son débit n'est pas suffisant pour alimenter une population de plusieurs centaines d'habitants.

On ignore absolument la date à laquelle furent creusés les puits de la Cité. Tout ce que l'on a écrit à leur sujet ne sont que des hypothèses ou des légendes et nous n'en parlerons qu'à titre de curiosité sans y attacher autrement d'importance.

## Les Puits

De tous les puits de la Cité, le plus important, comme son nom l'indique, est le *Grand Puits*. Il se trouve sur la petite place située à l'Ouest devant la porte d'entrée du Château.

Cros-Mayrevieille (1), écrit à son sujet :

« Faudrait-il mettre le *Grand Puits* au nombre des monuments celtiques ? Mais cet ouvrage n'offre aucun caractère archéologique dont on puisse conclure quelque chose de positif sur son origine. D'ailleurs des réparations si considérables y ont été faites qu'il est impossible aujourd'hui de reconnaître les parties qui datent de sa construction primitive, si toutefois elles existent. Il est cependant probable que le jour où les Volkes de Carcassonne songèrent à se fortifier dans cette place, ils cherchèrent le

---

(1) Cros-Mayrevieille ; *Les Monuments de Carcassonne*, pages 27 et 128.

moyen d'avoir de l'eau en cas de siège. Le Grand Puits paraît donc avoir été l'œuvre des fondateurs de Carcassonne. »

Bien des légendes courent sur le Grand Puits que l'on appelle aussi le *Puits das Fados* (puits des fées). On prétend qu'il est habité par des esprits ; d'autres croient qu'au fond se trouve l'entrée des souterrains de la Cité.

D'après Besse (1), le roi Alaric le Grand, après avoir pillé Rome, emporta ses dépouilles parmi lesquelles se trouvaient les trésors du temple de Salomon et il les cacha dans de grandes tours qu'il fit bâtir à Carcassonne. Théodoric, roi des Osthrogoths, fit transporter une partie de ces trésors à Ravenne ; le reste fut jeté dans le Grand Puits par les Goths effrayés de la venue d'Attila.

« Certes, dit Besse, c'est une chose prodigieuse que la grandeur et profondeur de ce puyts ; il n'y a encore personne qui l'aye peu trouver quelque peine qu'on s'en soit autrefois faite, pour ce que c'est un rocher creux et qui a de grandes cacavitez. »

Cependant en 1808, l'Administration municipale de Carcassonne fit curer et vider le Grand Puits sous la direction de M. J. P. Champagne, architecte de la ville ; on ne retira du puits que les objets suivants : 1° Une petite bourse en peau verte dans laquelle étaient quelques pièces de monnaie de cuivre blanchi ; d'un côté on voyait un faisceau d'armes représentant des flèches et des frondes ; de l'autre un écusson avec des lions et des fleurs et une inscription difficile à lire ; 2° Un casque en fer de forme romaine, très usé et dévoré par la rouille ; 3° Plusieurs flèches de différentes formes ; 4° Une énorme quantité de moellons.

---

(1) Besse : *Histoire des Antiquités de Carcassonne.*

Dimensions du puits : ouverture à la surface de la margerelle, 3m60 de diamètre ; profondeur, 39m435. Diamètre au fond, 3m46. La bâtisse en moellons ou pierre de compte se prolonge depuis la margerelle du puits jusqu'à 12m50 ; le reste est creusé dans le roc et se trouve dans un état très irrégulier, mais au fond de la cuvette on rencontre une bande de pierres posées à plomb de 8 pouces de dimensions en tout sens. (1)

L'opération du curage fut exécutée en 1808 sur adjudication publique.

En 1832, à la suite d'une grande sécheresse, en septembre, on vit le fond du puits, et l'on n'y découvrit ni trésor, ni souterrain et seulement quelques médailles et des pointes de flèches qu'on a déposées au Musée. Aujourd'hui, ce puits est abandonné ; depuis bien des années on n'y puise plus d'eau, aussi celle que l'on y voit au fond est-elle imbuvable.

On trouve encore d'autres puits à la Cité : celui de la rue du Plô qui est le plus important après le Grand Puits. Dans l'une des cours du Château il y en a un troisième qui servait il y a quelques années, mais que l'on a condamné aujourd'hui. La tour Saint-Nazaire cache dans ses flancs un puits profond. Il s'ouvre au pied de la tour et sur sa face méridionale par un arceau ogival. Il a cela de particulier que creusé dans l'épaisseur du mur, il s'élève vers les étages supérieurs et s'ouvrant à la fois en dedans et en dehors il pouvait alimenter les soldats de la tour et les gardiens des Lices. Une légende veut que le vicomte Raymond Roger, prisonnier de Simon de Montfort, fit en sorte de mettre à profit cette disposition particulière pour essayer

---

(1) Mahul : *Cartulaire et Archives des communes du diocèse et de l'arrondissement de Carcassonne*, tome v, page 771.

de s'échapper de sa prison. Foncin qui la raconte ajoute : « Il ne dut pas réussir dans sa tentative puisqu'il mourut dans une des tours du château » (1). Une autre tradition qui a au moins autant d'intérêt que la précédente se rapporte encore à ce puits mytérieux, nous raconte encore Foncin (2). « Une pauvre jeune fille résolue de mettre fin aux peines d'un amour malheureux, se serait de désespoir précipitée dans le gouffre obscur. Mais soutenue sur les eaux par ses vêtements, elle aurait été secourue à temps et aurait pu être rappelée à la vie. On explique maintenant ce qui eut paru jadis un miracle et formé le sujet d'une légende, tant il est vrai que la vieille poésie se meurt ! » Un dernier puits qui mérite l'attention est adossé à la muraille qui précède la tour du Trésaut. Il est recouvert d'un toit en pierre incliné et il s'ouvre par un arc ogival. C'est le *Puits de la Cendrino*. La Cendrino était une pauvre fille qui se noya dans ce puits et lui a laissé son nom.

## Citernes

Outre les puits, les habitants de la Cité construisirent des citernes. La plus belle est bâtie sur la porte de l'Aude. Elle est à demi voutée en berceau et presque entièrement creusée dans le roc. On y descend par un escalier ménagé dans l'épaisseur de la courtine, sous le chemin de ronde de la première enceinte. On peut au besoin y puiser directement du dehors. Cette citerne était alimentée par une source, à peu près tarie aujourd'hui, et son trop plein tombait dans le ravin du côté de la Barbacane.

---

(1) Ce n'est là qu'une légende ; la tour Saint-Nazaire, et, par suite, le puits n'ont été construits qu'une soixantaine d'années après l'emprisonnement du vicomte Raymond Roger.

(2) P. Foncin, *La Cité de Carcassonne*, page 47.

Une autre citerne remarquable se trouve dans la salle du rez-de-chaussée de la Tour du Nord de la Porte Narbonnaise. Elle a 7m 50 de profondeur et 3 mètres de diamètre. Elle est bâtie en pierres de taille : autour de son orifice se trouve un larmier circulaire ou rebord destiné à faire égoutter l'eau directement dans le fond, sans lui permettre de glisser le long des parois. En arrière de ce larmier on distingue les traces d'un parapet disparu aujourd'hui et dont la base s'emboitait entre le larmier et un second rebord extérieur ; immédiatement au-dessous, dans la direction de l'Est, on aperçoit l'ouverture d'un canal légèrement incliné vers le dehors et qui servait à l'écoulement du trop plein des eaux. Enfin à quelques centimètres au-dessus des dalles qui couvrent le fond de la citerne, est percé un trou latéral au centre d'une pierre formant un léger avancement : il paraît avoir servi au dessèchement de la citerne. Le canal d'écoulement dont il forme l'origine passait probablement sous les lices et déversait les eaux dans le fossé, autant qu'on peut en juger par une ouverture en forme d'égoût, pratiquée dans la paroi septentrionale du pont de la Barbacane. Une rainure verticale, peu étendue, visible le long de la partie supérieure de la citerne, est située directement au-dessus de l'orifice de ce canal. Cette rainure recevait sans doute la tige d'une soupape qui ouvrait ou fermait à volonté le canal de dessèchement.

On ne sait pas exactement comment cette citerne était alimentée. Aucune trace de conduits à cet usage n'a pu être découverte. Nous croyons qu'elle devait servir à emmagasiner les eaux pluviales, car un aqueduc comblé, mais dont l'ouverture est visible, aboutit à l'angle Nord-Est de la salle de la citerne ; de plus un trou quadrangulaire, assez vaste, est justement percé dans le mur de cette salle, à la hauteur de l'aqueduc.

Les eaux des pluies versées par les gargouilles étaient peut-être reçues dans des cuvettes en pierre percées d'un trou à leur base, ces cuvettes portées sur des fûts de colonne forés (1), pouvaient conduire ainsi les eaux dans l'aqueduc qui les amenait lui-même par l'ouverture indiquée plus haut dans la salle de la citerne. Là, des manches ou des tuyaux, soit en peau, soit en toile, les déversaient dans la citerne.

En temps de guerre, les habitants des faubougs se réfugiaient dans la Cité, dont la population devenait ainsi très nombreuse ; aussi l'eau des puits et des citernes ne suffisait-elle pas à l'alimenter. L'eau de la rivière leur était alors indispensable et c'est pour pouvoir l'approcher, sans doute, qu'on construisit la barbacane qui existait au bas du château, à l'endroit où s'élève aujourd'hui l'Eglise Saint-Gimer ; on ne voit pas d'autre raison bien sérieuse à l'existence de ce poste avancé.

En temps de siège, la perte de la barbacane et des faubourgs força les habitants de la Cité à capituler. C'est ce qui se passa en 1209 pendant le siège de Simon de Montfort : « Cependant, dit Besse, les habitants de la ville souffraient cruellement de la soif : on était au plus fort de l'été, les puits avaient tari, toute communication avec la rivière ou les fontaines voisines des murailles était impossible à cause du blocus étroit que gardaient les assiègeants ..... .... La ville fut obligée de se rendre. »

## Les Sources

A part la petite source que l'on trouve à la porte de l'Aude et dont nous avons parlé à propos des citernes, on

(1) Plusieurs fûts de colonnes de ce genre ont été aperçus dans le jardin voisin de la tour du Trésaut. — Foncin, loc. cit. page 170.

ne rencontre aux environs immédiats de la Cité qu'une seule source, celle de Charlemagne. Elle se trouve au Sud près de la route de Saint-Hilaire, à 1.500 mètres environ de la ville.

Besse nous raconte à son sujet une légende qui mérite d'être rapportée.

C'était à l'époque du siège de Charlemagne :

« (Les Infidèles) s'aduisèrent, dit-il, de faire empoisonner les eaux d'alentoor de Carcasonne, ce qui leur réussit si bien que les gens de l'Empereur s'en trouvèrent incommodés à l'extrême, tant de l'eau de l'Aude que de celle des fontaines et des ruisseaux et cela faillit à consumer et détruire toute l'armée, mais par la divine providence, la chose fut découverte par le Saint Empereur, il prit sa lance et la fichant en terre éleva les yeux au ciel qu'il conjura du profond du cœur de le vouloir assister de ses grâces ; et en même temps, ô miracle ! on vit abondamment couler l'eau claire comme de l'argent, du même lieu où il tenait encore sa lance fichée, et qui fut suffisante depuis de faire subsister son armée.

« Cette belle et cristalline source qui sans avoir jamais tary que l'on sache, a coulé et coule journellement ses eaux assez près des murs de notre ville, est celle-là même que nous appelons la fontaine de Charlemagne qui est le nom qu'on lui donna dez le moment de sa miraculeuse naissance, et qu'elle doit conserver éternellement. »

A une époque que l'on ne peut préciser, les documents faisant absolument défaut, car toutes les archives de la Cité ont été brûlées officiellement par le Maire en grande pompe, devant la garnison et le peuple rassemblés le 30 Brumaire an II, on conduisit à la Cité les eaux captées sur le Pech-Mary.

Cros-Mayrevieille raconte que l'on a trouvé dans un champ voisin de la porte Narbonnaise une partie d'aqueduc formé de pierres de 1 mètre de largeur, percées de part en part pour donner passage à l'eau.

Dans un autre champ, au Sud de la voie Romaine, on a trouvé au commencement du XIII^e^ siècle « des pavés en brique avec bitume et carreaux aussi petits que des déz. »

Cet aqueduc devait servir à alimenter une fontaine qui coulait dans le cloître, à côté de l'Eglise et qui a été détruit en 1793.

Enfin, Dumège (1), dit avoir trouvé en 1821 « les restes de tuyaux en poterie qui portaient dans la ville les eaux d'une source éloignée. »

Il faut arriver jusqu'au commencement du XIX^e^ siècle pour avoir des renseignements exacts sur ce qui fut fait pour alimenter la Cité en eau potable.

Le journal l'*Echo de l'Aude*, n° 295 du 29 Avril 1854, nous donne des renseignements exacts sur ce qui fut fait à cette époque :

« Entre les deux collines de Sainte-Croix et de la Porte de fer existe un petit vallon où se réunissent les eaux des terrains voisins d'une colline à l'autre ; on a jeté une forte muraille bâtie en moëllon et chaux hydraulique qui coupe le vallon et retient les eaux ; dans le fond du ravin se trouve un aqueduc en pierre sèche ; au-dessus est jetée une couche épaisse de gravier et de sable, le tout recouvert de terre végétale gazonnée. Les eaux pluviales viennent par des rigoles latérales inonder la surface que présente le fond du ravin, s'infiltrent à travers la terre végétale, le sable et le gravier et arrivent limpides au fond du réservoir. Ces eaux sont retenues et lâchées par un robinet scellé au bas de la muraille du barrage, de là elles se rendent par des tuyaux en bitume aux fontaines de la Cité.

---

(1) Dumège, *Histoire Générale du Languedoc* page 140.

Plusieurs réservoirs sont graduellement construits dans toute la longueur du vallon, ils suffisent, dans leur ensemble, pour alimenter quatre fontaines de la Cité et pour donner à la caserne du Château, aux maisons des Ecoles Chrétiennes et des Sœurs de Charité l'eau qui leur est nécessaire. Les eaux d'écoulement doivent être utilisées pour laver les rues de la Gaffe et de la Barbacane. »

Ce projet, qui était l'œuvre de M. l'Ingénieur François, bien qu'il réalisât un énorme progrès sur tout ce qui avait été fait jusque là pour alimenter la Cité, ne donna pas de bons résultats ; au bout de quelque temps on reconnut qu'il ne fournissait pas assez d'eau pour alimenter toutes les fontaines ; à peine si la fontaine de la Porte Narbonnaise coulait quelques mois de l'année ; pendant une grande partie de l'été elle ne donnait pas d'eau, et les habitants de la Cité en étaient réduits : « à cette époque où l'utilité de l'eau se fait le plus sentir, à leurs anciennes et misérables ressources, la *Fount-Grando* et leurs puits qui donnent une eau détestable que l'on est obligé de puiser à des profondeurs considérables (1). »

Il fallut donc trouver un autre moyen pour amener de l'eau à la Cité, d'autant plus que les habitants, beaucoup moins favorisés que ceux de la ville basse, se plaignaient à juste titre.

En 1865, le Maire, M. Roques-Salvaza, fit étudier un projet par M. Simonneau, Ingénieur des Ponts et Chaussées. Celui-ci proposa de monter à la Cité l'eau de l'Aude au moyen d'un moteur hydraulique qui serait installé soit à l'usine des frères Vié soit au Moulin du Roi. L'eau devait être refoulée dans un réservoir construit sur la place du Plò et de là, par une canalisation, distribuée en ville.

(1) Simonneau, *Etablissement de fontaines publiques à la Cité*, page 39.

La quantité d'eau prévue pour chaque habitant était de 200 litres par jour.

Malheureusement, par suite d'un procès entre la ville de Carcassonne et les frères Vié, au sujet du droit qu'avait la ville de prendre une force motrice à l'usine, ce projet ne fut pas mis à exécution et cependant la Cité manquait totalement d'eau, la fontaine de la Porte Nabonnaise elle-même ne coulait plus.

Ce ne fut qu'en 1871 qu'on commença des travaux pour donner aux habitants l'eau qui leur était indispensable et dont ils étaient privés depuis si longtemps.

Dans sa séance du 13 mars 1871, le Conseil adopta le projet suivant dressé par M. Petit, architecte municipal :

On établit un réservoir de prise devant la place St-Gimer.

Une pompe actionnée par une locomobile aspirait l'eau d'un puits creusé sur la place de l'Eglise et la refoulait, au moyen d'une canalisation en fonte, dans un réservoir que l'on construisit sur la place St-Sernin (aujourd'hui place Hoche).

De là, l'eau était distribuée par une canalisation également en fonte à des fontaines à clapets, pouvant fonctionner à jet continu, établies dans les divers quartiers de la ville.

L'exécution de ce projet coûta 23,985 francs.

En 1890, la petite machine à vapeur de la place St-Gimer était à bout de service ; on songea à la remplacer et à fournir une plus grande quantité d'eau à la population de la Cité, qui se composait de 1000 habitants environ et qui ne disposait, pendant l'été, que d'un volume de 40 à 50 mètres cubes par jour.

M. Bouffet, Ingénieur en chef des Ponts et Chaussées, fut chargé, par la municipalité, de faire un nouveau projet.

Mettant à profit la force motrice réservée à la ville par l'ordonnance royale du 14 Septembre 1835, qui a autorisé la construction sur le bras droit de l'Aude de l'usine Vié, aujourd'hui dite le *Moulin-Neuf*, on éleva à 56 mètres de hauteur, au moyen d'une turbine de huit chevaux de force et d'une batterie de deux pompes conjuguées, un volume de 400 mètres cubes par jour que la force disponible permet de refouler sur le point culminant de la Cité, à l'altitude de 156 mètres. Un réservoir de 220 mètres cubes fut bâti sur la place du Plô pour parer aux interruptions de marche du moteur. Celui-ci, construit en 1872, n'a que 30 mètres cubes et était insuffisant.

Le nombre de bornes fontaines fut porté de 6 à 10.

L'eau est prise dans un puits filtrant creusé dans l'ancien lit de l'Aude, devant la maison Olier.

L'exécution de ce projet fut terminée en 1896; depuis il n'a cessé de donner des résultats parfaits.

La Cité est ainsi alimentée d'une façon très satisfaisante. Chaque habitant peut, en effet, disposer de 400 litres d'eau par jour, même pendant les plus fortes chaleurs. L'expérience en a été faite pendant l'été de sécheresse 1899. Cette eau est toujours fraîche, limpide et d'excellente qualité. On ne peut souhaiter qu'une chose, c'est que la Ville-Basse ait bientôt un service d'eau semblable

## CHAPITRE II.

### Les eaux d'alimentation de Carcassonne (Ville-Basse) (1)

---

La Ville-Basse de Carcassonne fut fondée en 1247.

En 1240, le Vicomte de Trencavel, descendant des anciens comtes de Carcassonne, vint mettre le siège devant la Cité pour tâcher de s'emparer de cette place forte et rentrer en possession du domaine de ses ancêtres, dont il avait été dépouillé par Louis VIII. (2)

Malgré tous ses efforts, le Vicomte de Trencavel ne put s'emparer de la Cité ; après 24 jours de siège, il mit le feu aux bourgs qui se trouvaient aux pieds de la place et il se réfugia, avec ses compagnons d'armes, au château de Montréal.

Les habitants du bourg, ainsi privés de leurs demeures, émigrèrent. La plupart se retirèrent en Catalogne et d'autres en Espagne. Ceux qui restèrent en France supplièrent le roi Saint Louis de leur permettre de se fixer en un autre endroit. L'Evêque de Carcassonne d'alors,

---

(1) Toute la partie historique, ayant trait à l'alimentation de Carcassonne Ville-Basse jusqu'en 1895, a déjà été publiée pour notre thèse de Pharmacien de 1re classe.

(2) Viollet-le-Duc : La Cité de Carcassonne, page 8.

Clarin, et son chapitre, auxquels la disparition des faubourgs avait fait perdre de gros bénéfices, appuyèrent cette requête.

Sept ans après seulement, Saint Louis permit à ces infortunés de construire leurs nouvelles demeures entre la Cité et « La Rivière d'Aude (1) » ; mais dans la suite, en 1262, sur l'ordre du roi, le nouveau bourg fut transporté de l'autre côté de la rivière, à l'endroit où existe aujourd'hui Carcassonne.

La ville fut entièrement construite en une dizaine d'années. Elle était entourée de murs bâtis en terre, sauf du côté de la rivière où l'on construisit un mur en maçonnerie, pour préserver la ville des inondations.

Carcassonne fut brûlée par les Anglais en 1355. On la reconstruisit peu après, sur l'ordre du Comte d'Armagnac qui la fit fortifier quelques années plus tard.

Il y a lieu de croire que de 1269 à 1676, il ne fut pas fait de travaux spéciaux pour alimenter la ville de Carcassonne en eau potable ; les habitants devaient se pourvoir de l'eau nécessaire à tous leurs besoins, soit dans la rivière, soit dans les quelques puits qui se trouvaient dans la ville.

Dans une délibération *du Conseil de la Communauté*, prise en 1622, il est parlé pour la première fois du projet de la construction d'une fontaine.

Cette délibération dit que « la construction d'une « fontaine dans la ville est très utile pour le bien de tous, « vu l'incommodité qu'arrive journellement de la rivière « pour être presque toujours trouble et mal saine, ainsi « que chacun scait, et pour icelle pouvoir faire, on doit

---

(1) Le fleuve qui traverse Carcassonne est ainsi désigné dans tous les ouvrages.

« prier M. l'Evêque de la part de la ville d'y vouloir aider « de ses moyens (1). »

Ce projet ne fut pas mis à exécution.

En 1643 le même Conseil délibéra sur une proposition faite par un sieur J. Antoine Bringuier, de Limoux, qui offrait de construire une fontaine à l'usage de la ville.

Ce nouveau projet n'eut pas plus de succès que celui de 1622.

Le premier travail sérieux qui fut fait pour amener de l'eau dans la ville de Carcassonne fut entrepris en 1676. On en trouve tous les détails dans un contrat enregistré par Me Richard, notaire (2), et dont voici les parties essentielles :

« L'an mil six cent soixante-seize et le dixième jour de Juillet, dans la ville de Carcassonne, après-midi, régnant très chrétien prince Louis, par la grâce de Dieu roi de France et de Navarre, par devant nous notaire royal, en présence des témoins bas nommés personnellement établis, MM. Jean Bénazet, Jean Montlaur, Maurice Grandié et Jean Gratel, bourgeois et tous quatre consuls du dit Carcassonne, qui ont dit qu'en conséquence de diverses délibérations prises de temps en temps à la dite ville en conseil général et singulièrement de celles du 17 Octobre et 9 Décembre 1669, portant que non seulement pour la décoration de la ville, mais encore pour le bien et la santé de ses concitoyens, qui souffrent de grandes et notables incommodités provenant de ce que la plupart du temps ils n'ont que des eaux troubles et crasseuses pour boire, qu'il

---

(1) *Viguerie*. Tome II, page 230.

(2) Mahul : *Cartulaire et Archives des communes du Diocèse et de l'Arrondissement de Carcassonne*. Tome VI, 2e partie, page 274.

serait fait recherche d'eaux vives pour les conduire à la place et autres endroits, suffisantes pour la provision des habitants....... »

Le contrat donne ensuite tous les détails de l'adjudication et déclare le sieur Cailhau adjudicataire des travaux à faire pour « conduire une fontaine en la ville de Carcassonne, prise des eaux de la rivière d'Aude, les recherches ayant été faites aux environs de la ville de Carcassonne pour trouver des sources d'eaux vives qui puissent être conduites, et ne s'en étant point trouvé en quantité suffisante pour l'usage des habitants qui en ont besoin en abondance pour se garantir de l'usage des eaux des puits ou des eaux boueuses, sableuses de la rivière d'Aude, presque toujours troubles par de fréquentes inondations et fonte des neiges des montagnes voisines de son cours, il a été jugé à propos et même inévitable d'avoir recours néanmoins aux eaux de la rivière d'Aude, pour en prendre quelque partie et la conduire par aqueducs et par bourneaux en la manière ci-après dans la dite ville, mais d'observer de la purifier tellement au moyen de percolations dans la terre sablonneuse, cailloutage et gravier ensemble au fond des canaux et même par le repos dans divers réservoirs, qu'elle puisse être claire et d'un bon usage pour la santé et qu'on en puisse avoir en telle abondance pour les autres usages nécessaires et en pouvoir construire plusieurs autres fontaines perpétuelles aux principaux endroits de la ville, laquelle eau sera même tenue nette, saine, au moyen du cours perpétuel des eaux, pour à quoi parvenir il faut les choses suivantes :

« A savoir : L'Entrepreneur qui sera chargé des ouvrages sera tenu de prendre les eaux à la rivière d'Aude, au-dessus de la chaussée du moulin de Cavanac, en remontant jusqu'à telle hauteur qu'ils aient l'élévation nécessaire pour conduire les eaux et les rendre dans les fossés de la ville, afin de les pouvoir distribuer aux endroits qui seront marqués ci-après. Cette prise d'eau se fera au moyen du creusement d'un fossé de cent toises de long et creusé plus bas d'une toise que le niveau de la superficie des eaux les plus basses de cette rivière, pour en attirer les eaux par transpiration ; à l'effet de quoi le dit fossé sera revêtu de maçonnerie et couvert en voûte, et le dit fossé aura de largeur, d'une muraille à l'autre, trois pieds dans œuvre et une toise de hauteur tant d'un bout que de l'autre, et les murailles d'icelui auront deux pieds d'épaisseur, bâties à pierre, chaux et sable, et le dessus de la dite voûte sera applani et terrassé de la terre qui sera parvenue du creusement, et en cas que le fossé ne peut donner suffisamment de l'eau pour remplir les tuyaux qui seront attachés, l'entrepreneur fera des pieds de poule, jusques-là qu'il y ait de l'eau à suffisance pour fournir conformément ce devis ; davantage, l'entrepreneur fera un réservoir au bout du dit fossé ou aqueduc qui sera bâti de la manière que le dit aqueduc, de la longueur et largeur de quatre cannes en carré, et du dit réservoir sera continué le dit aqueduc de vingt toises de longueur et de la même manière que le sus-dit, et au bout d'icelui sera fait un réservoir de pareille grandeur de quatre toises en carré et couvert en voûte, le fond duquel sera d'une gatue de terre grasse et du ciment par dessus et les dits réservoirs seront de trois pieds plus profonds que les sus-dits aqueducs afin que les eaux qui s'y rendront puissent y laisser encore mieux leur impureté et limon ; sera fait à iceux réservoirs une porte à chacun pour pouvoir entrer, en cas de besoin ; pour nettoyer les dits réservoirs sera fait un fossé qui déchargera dans la rivière d'Aude l'eau qui sera vidée du fond des réservoirs par une soupape ; au sortir du dernier réservoir les eaux seront conduites dans tout le reste de leur cours par deux gros bourneaux posés de front l'un contre l'autre, de six pouces chacun de diamètre, joints de bon ciment ou bétun aux embouchures et bâtis dans un coffre de maçonnerie fait et bâti à pierre, moëlon, chaux et sable.

« L'entrepreneur observera encore qu'aux endroits où le niveau obligera de passer les bourneaux où il y aura de grandes excavations de terre à percer, qu'il faudra remplir, et qui donneraient ensuite de la peine et causeraient de la dépense, pour visiter les dits bourneaux en cas de besoin, l'entrepreneur fera aux sus-dits endroits où il trouvera plus d'une toise de profondeur à creuser, un aqueduc en voûte de même largeur et bâti de la même façon que les sus-dits et posera les bourneaux au fond d'icelui pour pouvoir entrer et visiter en cas de besoin ; à l'effet de quoi ils seront faits et posés des regards aux endroits convenables pour faire la visite aux endroits nécessaires dans toute la conduite des bourneaux de manière qu'ils soient de cent en cent cannes l'un de l'autre, comme aussi sera fait des arcades ou murailles de bonne et forte maçonnerie aux endroits où il se trouvera manque de terrain pour faire passer les dites eaux, des chemins creux ou ruinés, il faudra éviter en passant par dessus et généralement tous les ouvrages nécessaires pour perfectionner la dite conduite jusqu'aux fossés de la ville, où il sera fait un réservoir de deux toises de diamètre en figure ronde, voûté, maçonné et cimenté aux côtés et au fond, pour recevoir les eaux et être ensuite séparées et distribuées à tous les endroits nécessaires de la ville....... »

Lorsque le travail eut été exécuté en entier, l'eau fut conduite à une fontaine monumentale que l'on construisit sur la place publique (naguère Place aux Herbes, aujourd'hui Place Carnot). L'eau jaillissait du haut d'un rocher surmonté d'un Neptune, puis elle se déversait en cascades tombant dans quatre coquilles ; un peu plus bas étaient quatre génies assis sur autant de chevaux marins qui rejetaient l'eau par la bouche et quatre dauphins, placés entre les chevaux rendaient l'eau par leurs évents et par la gueule. Le tout était entouré d'un bassin en pierre et défendu par une grille en fer, « pour empêcher l'abord des chevaux et charrettes, » dit le contrat. A cette fontaine étaient attachés huit porte-cruches. L'eau fut ensuite conduite à une fontaine que l'on construisit au coin de l'Hôtel-de-Ville et à cinq autres réparties dans les divers quartiers.

Malheureusement ce beau projet ne donna pas les résultats que l'on en attendait. La fontaine de la place fournit peu d'eau et rarement l'alimentation était suffisante pour faire jouer tous les attributs du groupe. Aussi laissa-t-on dépérir ces travaux et les habitants se trouvèrent de nouveau réduits à prendre l'eau dans les puits ou directement dans le fleuve.

Dans la première moitié du xviii^e^ siècle, le *Conseil politique* de la ville reconnaissant la nécessité de posséder de l'eau de bonne qualité et en abondance, chercha à alimenter les fontaines qui ne coulaient plus.

Le 27 Janvier 1740, le Conseil de la Communauté nomma une Commission chargée de rechercher une personne « *parfait hydraulique et mathématicien.* » afin de trouver les raisons pour lesquelles, avec les travaux exécutés en 1676, on n'avait pas eu suffisamment d'eau aux fontaines et pour trouver aussi « un moyen infaillible d'avoir de l'eau sans en manquer jamais (1). »

Le R. P. Pélissier, de la Compagnie de Jésus, professeur de mathématiques à Perpignan, fut choisi par la Commission.

---

(1) Rapport lu au Conseil municipal de Carcassonne, à la séance du 28 Mars 1863, par M. Cornet-Peyrusse.

Il se chargea de trouver un moyen sûr pour donner à la ville deux fois plus d'eau que l'on n'en avait obtenu avec les travaux de 1676.

Ses plans et ses devis furent reçus et examinés par une Commission spéciale puis envoyés à l'Intendant du Languedoc.

Un ordonnance de ce dernier, en date du 28 Juin 1741, chargea M. Pitot, de l'Académie des Sciences de Paris, directeur des travaux publics de la Province, d'examiner sur les lieux les divers plans fournis par le R. P. Pélissier et aussi ceux présentés par M. Bourrail, ancien trésorier de l'Artillerie des provinces du Roussillon et du Languedoc, pour prendre et conduire les eaux nécessaires à l'alimentation de la ville.

Pitot, après avoir examiné ces projets, fit de nouvelles études et soumit de nouveaux plans à l'approbation du Conseil qui, dans sa séance du 30 Avril 1743, demanda qu'il lui fut permis de faire mettre à l'adjudication les travaux du projet présenté par M. Pitot et de les faire exécuter conformément à ses plans.

L'Intendant de la Province fixa au 7 Novembre 1744 la date de l'adjudication.

Dans cet intervalle, un mémoire anonyme fut présenté au Conseil. Il promettait un approvisionnement d'eau potable à la ville de Carcassonne à des conditions plus avantageuses que celles de M. Pitot. Ce mémoire qui faisait la critique et signalait les inconvénients des plans de Pitot fut examiné par le Conseil puis renvoyé à l'Intendant. Celui-ci autorisa alors la Communauté à faire des expériences comparatives sur les eaux obtenues *par transpiration* (projet du mémoire anonyme) et sur celles obtenues *par saignée* (projet de M. Pitot).

Ces expériences ne furent pas faites. Le projet de M. Pitot fut définitivement adopté et mis à l'adjudication.

Suivant le premier devis de ce projet, il devait être fait un réservoir de trois toises de longueur sur deux de largeur et une tranchée de cinquante toises de longueur sur deux de largeur depuis ce réservoir jusque sur le bord de la rivière d'Aude, au-dessus de la culée de l'ancien pont de Couffoulens. Cette tranchée devait être comblée avec des cailloux de rivière pour filtrer les eaux avant leur entrée dans le réservoir. Bientôt après sa construction, il survint des inondations qui la comblèrent en entier et qui remplirent de limon le réservoir et l'aqueduc qui en recevait les eaux (1).

Pour éviter de semblables accidents à l'avenir, M. Pitot se détermina à faire un ouvrage capable d'empêcher les eaux troubles des inondations d'entrer dans le réservoir et en état de fournir une quantité d'eau suffisante. A cet effet, il donna, le 17 août 1750, le devis d'un réservoir de quarante-cinq toises de long sur trois toises de large, revêtu de toutes parts de murs assez forts pour résister aux inondations et assez élevés pour n'être pas submergés. La partie de ce bassin voisine de la rivière devait être percée de plusieurs petites ouvertures remplies de cailloux pour filtrer les eaux lorsqu'elles seraient troubles. Il devait y avoir aussi une grande martelière qu'on devait tenir ouverte lorsque les eaux seraient claires pour qu'elles entrâssent alors plus facilement et qui devait être fermée dès que les eaux seraient troubles. On devait établir en outre une jetée de cailloux en dehors du bassin et un mur de soutènement en-dessus sur le bord de la rivière sur environ trente toises de longueur.

Tous ces travaux furent en grande partie exécutés. On donna au bassin cinq toises de long au lieu de trois ; on le

---

(1) *Livre de la Chaîne de 1744 à 1768*; folio 212.

divisa en cinq parties par quatre murs transversaux. Un petit aqueduc conduisit les eaux du premier bassin dans le dernier sans les faire communiquer avec les intermédiaires et des empellements ouvraient ou interceptaient les communications de ces bassins.

Une maison fut aussi construite pour le gardien chargé de manœuvrer les empellements des bassins, suivant l'état de la rivière.

L'aqueduc qui fut alors bâti pour mener en ville l'eau des bassins, aqueduc qui existe encore et qu'on utilise aujourd'hui en partie, avait trois mille trois cent soixante-dix-neuf toises de longueur. Il partait des bassins de l'Origine, et, avant d'entrer en ville, il empruntait l'ancienne conduite construite par Cailhau.

En partant des bassins l'aqueduc était complètement enfoncé dans le sol sur une longueur de 623 mètres, il avait un mètre de largeur et des hauteurs variables dont la plus petite était de $1^{m}70$. A la suite et sur une longueur de 6.639 mètres, la conduite établie tantôt sous le sol à une faible profondeur, tantôt au niveau du sol ou bien au-dessus, supportée par des murs ou des arcades. Dans cette partie, sa largeur était généralement de $0^{m}50$ et sa hauteur moyenne de $0^{m}60$. La dernière partie comme la première était souterraine, en forme de tunel, et présentant des irrégularités énormes.

L'eau était ainsi amenée jusqu'au bassin construit en 1676 à la Porte de Toulouse. On agrandit ce bassin en élevant sa voûte sur 17 toises de longueur.

La pente totale, entre le seuil de la conduite à l'Origine et l'orifice des tuyaux d'amenée dans le bassin de distribution, était de $6^{m}362$, ce qui donnait une pente de $0^{m}000819$ par mètre. Mais la base de l'aqueduc était loin d'avoir une déclivité régulière ; les irrégularités étaient telles qu'à certains endroits l'eau arrivait jusqu'au sommet intérieur de la conduite qui fonctionnait alors comme un vrai siphon tandis qu'en d'autres points elle s'élevait seulement aux trois quarts de la hauteur.

Du bassin de la Porte de Toulouse, les eaux se rendaient au bassin de distribution situé dans l'ancienne maison des Augustins (au coin de la rue des Etudes et de la Grand'Rue, où se trouve aujourd'hui l'habitation du fontainier de la ville.) De ce bassin elles étaient répandues en ville par cinq tuyaux en poterie de cinq pouces de diamètre.

Du réservoir de la Porte de Toulouse partait également une conduite de 146 toises 1 pied 6 pouces qui se dirigeant vers le fossé Nord servait de déversoir au trop plein des eaux.

C'est à cette époque — 22 Juillet 1751 — que fut entreprise la construction de la fontaine en marbre que l'on admire de nos jours sur la Place Carnot. Cette fontaine dont les plans avaient été admirablement conçus et qui est fort belle pour l'époque où elle a été construite, aurait été remarquable si l'habileté des artistes qui la sculptèrent, deux italiens du nom de Barrata, le père et le fils, se fut trouvée à la hauteur de la conception de l'œuvre.

Les travaux de Pitot donnèrent à la ville de l'eau en très grande abondance ; malheureusement elle n'était pas suffisamment clarifiée, elle devenait boueuse à chaque crue de l'Aude. Puis sa plus grande masse ne servait qu'à la partie principale de la ville à celle située sur la rive gauche de l'Aude et encore arrivait-elle à un niveau trop bas pour pouvoir être distribuée dans les quartiers supérieurs, car l'aqueduc débouche à la Porte de Toulouse à l'altitude de 113 mètres et l'Allée d'Iéna est à 122 mètres, soit *neuf* mètres plus haut. Les quartiers de la rive droite, la Trivalle, la Barbacane et la Cité en étaient complètement privés et réduits à leurs anciennes ressources, c'est-à-dire à une pénurie extrême.

Jusqu'en 1801 on ne fit rien pour remédier à cette alimentation défectueuse. Le 2 Septembre de cette année, le Conseil municipal nomma une Commission chargée de rechercher si, avec l'emploi d'un système quelconque *de filtres*, il ne serait pas possible d'avoir de l'eau claire en tout temps.

Pour obtenir de l'eau au niveau de la Porte de Toulouse, on établit dans le souterrain qui y existe encore, une chaîne à chapelets mue par la chute produite par la différence de niveau entre la conduite des eaux et le fossé. Elle élevait de l'eau pour deux fontaines coulant contre les deux piliers de cette porte. On établit aussi dans la Grand'Rue, contre la façade Sud du château d'eau, une fontaine alimentée par une roue à godets mise en mouvement par l'eau provenant du réservoir.

Ces machines ne fonctionnèrent que pendant quelque temps.

En 1824, on songea à les remplacer. La ville chargea un nommé Mazeline, mécanicien à Carcassonne, de construire sur la chute de la Porte de Toulouse, qui avait six pieds de haut et que l'on porta à sept en creusant le sol, une roue en fer avec godets de cuivre. Mise en mouvement par 45 pouces d'eau, cette machine en éleva de 12 à 15 à une hauteur de 15 pieds.

En même temps on vota les fonds nécessaires pour conduire l'eau de la Porte de Toulouse à deux grandes fontaines que l'on se proposait de construire à la promenade du Jardin des Plantes qui venait d'être achevée. On fit aussi quelques timides essais, d'ailleurs infructueux, pour filtrer les eaux.

La machine de Mazeline ne donna sans doute pas longtemps le rendement promis, car dix ans après on songeait déjà à la remplacer.

Le Conseil municipal de 1831 chargea une commission de rechercher les travaux les plus urgents à faire pour compléter l'alimentation en eau de la ville. Le 15 Décembre, cette commission présenta un rapport où il est dit : « Qu'il fallait s'occuper d'abord d'amener aux fontaines de la ville des eaux toujours claires. Pour cela il fallait établir un filtre, nettoyer les bassins de l'Origine, réparer l'aqueduc et remplacer par des tuyaux en fonte les tuyaux en poterie.

En 1832, M. Abadie, constructeur à Toulouse, fut chargé de remplacer la machine construite en 1824. Le système adopté consista dans une roue motrice actionnant trois pompes. Avec 100 pouces d'eau motrice il devait élever 10 pouces ou 140 litres d'eau par minute pour alimenter dix bornes-fontaines qui furent construites à la même époque dans les quartiers supérieurs.

Au bout de quelques années, cette quantité d'eau fut trouvée insuffisante. Sur la proposition de M. Abadie, on remplaça la roue par une turbine et on ajouta un quatrième corps de pompe à la machine. Cette transformation ne fut pas heureuse ; une note du 21 Janvier 1862, de M. Des Plas, architecte de la ville, dit qu'une expérience faite à cette date a démontré que la machine Abadie, de la Porte de Toulouse, n'élevait que 110 litres d'eau par minute, c'est-à-dire 30 de moins que celle construite en 1832.

En 1833 et en 1834, on construisit 420 mètres d'aqueducs filtrants à l'Origine. Ces aqueducs en pierres sèches avaient $0^{m}32$ de largeur et $0^{m}30$ de hauteur. Ils formaient deux branches qui venaient se réunir à 60 mètres en amont des bassins avec lesquels ils étaient mis en communication par un aqueduc en pierre de taille évidée de $0^{m}50$ de largeur sur $0^{m}30$ de hauteur.

L'Aude, dont le lit est très variable du côté de l'Origine, passait à cette époque assez loin des filtres. On amena les eaux aux aqueducs au moyen de rigoles.

« Au bout de quelque temps, ces filtres artificiels que l'on construisit ainsi s'engorgèrent, et les petits aqueducs, qu'on ne pouvait nettoyer, furent comblés de vase et de sable fin (1). »

A la suite d'une déviation du cours de l'Aude qui, en 1848, s'était rapproché des travaux de l'Origine, l'administration municipale se vit dans la nécessité de défendre ses travaux. Elle fit construire une digue en terre protégeant la tête des filtres, puis on revêtit de moëllons la berge du fleuve aux endroits où l'on craignait l'irruption des eaux.

Le Conseil municipal de 1853 s'occupa de nouveau de la question des filtres. Après avoir constaté que ceux construits en 1834 ne fonctionnaient plus, il chargea une Commission de rechercher les moyens à prendre pour assurer en tout temps l'approvisionnement de la ville.

Cette Commission qui déposa son rapport le 12 Novembre, concluait ainsi ;

« La Commission propose de supprimer la rigole qui conduit l'eau aux bassins, de ne plus s'occuper de ces bassins, à partir et en amont desquels on creusera, en traversant le champ Rieux, une large tranchée dont le plafond sera au niveau de l'entrée actuelle des eaux filtrées dans lesdits bassins. Cette tranchée sera prolongée autant que de besoin; c'est-à-dire jusqu'à ce qu'on rencontre des infiltrations abondantes. On remplira ensuite cette tranchée conformément au système employé à Toulouse et on aura d'autant mieux atteint le but, que la tranchée étant ainsi creusée en contre bas de la rivière, on recueillera les infiltrations et l'on n'aura pas à craindre le cas où la rivière

---

(1) Simonneau, *Mémoire à l'appui d'un avant projet d'établissement de fontaines publiques à la Cité.*

envahirait les filtres ou s'en éloignerait beaucoup. Dans le premier cas le fond de la rivière resterait au-dessus des filtres qui continueraient à fonctionner sans inconvénients, dans le deuxième cas on n'aurait qu'à prolonger la tranchée si toutefois les infiltrations cessaient d'être abondantes. »

La construction de ces filtres marcha rapidement ; on les établit sur une longueur de 400 mètres. Ils avaient 0m80 de large et 1m80 de haut, on pouvait les visiter d'un bout à l'autre.

Les résultats obtenus furent satisfaisants. Pendant une dizaine d'années ils fournirent assez d'eau pour alimenter, en temps normal, toutes les fontaines de la ville. Ce n'est que lorsque les eaux étaient très basses qu'on était obligé d'arrêter la turbine de la Porte de Toulouse et de priver d'eau tout un quartier.

Les progrès réalisés, quoique considérables, n'étaient pas suffisants ; on décida de faire de nouvelles améliorations.

A cet effet, on augmenta la conduite qui avait été reconnue comme n'ayant pas une capacité assez grande. On la restaura et exhaussa de 35 à 40 centimètres les parois verticales des parties restaurées.

A la suite de ce travail, on eut une grande quantité d'eau car le débit des filtres ayant diminué et étant devenu insuffisant on mélangeait à l'eau qui en provenait de l'eau prise directement dans l'Aude. On profita de cette abondance pour la distribuer en grande quantité dans toute la partie basse de la ville et c'est alors que l'on installa sur la place du Charbon (Square Gambetta) une gerbe qui débitait 2,000 mètres cubes d'eau par vingt-quatre heures.

Une très importante réparation fut faite en 1858 à l'aqueduc à son entrée en ville. En cet endroit, il siphonnait sous le rocher et on ne pouvait le visiter ; des amas de vase s'y étaient accumulés de manière à l'obstruer sur presque toute sa hauteur. On lui substitua une conduite ayant un mètre de largeur et facilement visitable.

En 1860, on commença à refaire la canalisation en ville ; on remplaça la plupart des tuyaux en poterie qui existaient encore par des tuyaux en fonte et en tôle.

Cependant les hauts quartiers qui prenaient tous les jours une grande extension, étaient encore mal alimentés et la nécessité d'augmenter le volume d'eau qui leur était affecté se faisait de plus en plus sentir.

On songea à utiliser à côté de la machine établie en 1846 une turbine actionnant une pompe qui avait été construite pour la gerbe du bassin du Square Gambetta et qui n'y avait pas rempli le but que l'on s'était proposé. On pensait que cette turbine fonctionnerait mieux à la porte de Toulouse et que les deux machines réunies résoudraient le problème. Il n'en fut pas ainsi, l'eau obtenue n'était pas en quantité suffisante.

On résolut de construire une nouvelle machine et l'on dressa un programme du problème à résoudre : Eau motrice, 400 mètres cubes par 24 heures ; chute, 2$^{m}$40 ; hauteurs auxquelles il fallait monter l'eau, 7 et 9 mètres.

Ce programme fut adressé à tous les constructeurs spéciaux ; et c'est M. Girard, Ingénieur à Paris, qui fut chargé de la construction de la machine. Il installa une turbine actionnant directement deux pompes horizontales à pistons plongeurs et à double corps, donnant de quarante-cinq à cinquante coups de pistons à la minute et élevant l'une 200 mètres cubes d'eau à la hauteur de 9 mètres et l'autre 360 mètres cubes à la hauteur de 7 mètres.

Quelques temps après que cette machine eût été posée, à la suite de réparations faites à la conduite venant de l'Origine, le volume d'eau motrice fut porté de 4.000 à 5.000 mètres cubes et l'on obtint un volume d'eau monté de 650 à 700 mètres cubes. C'était là une quantité énorme qui permit d'alimenter complètement le quartier l'Araignon et le faubourg de la Paix et de fournir de l'eau aux vasques supérieures des fontaines du Jardin des Plantes qui n'avaient jamais coulé depuis leur établissement. La ville n'avait alors que 20.000 habitants; l'eau d'alimentation était de 500 litres par tête et par jour, chiffre qui n'était à ce moment-là dépassé que par la ville de Rome. Mais, comme précédemment, cette eau était de mauvaise qualité et elle devenait trouble après chaque pluie un peu forte.

A la suite d'un rapport de M. Cornet-Peyrusse, lu à la séance du Conseil municipal du 29 Mai 1866, on fit des travaux de défense à la tête des filtres; on prolongea ceux-ci de 100 mètres et on restaura à nouveau l'aqueduc.

Jusqu'en 1875, les divers Conseils municipaux qui se succédèrent à la Mairie ne firent rien d'important pour améliorer la qualité des eaux d'alimentation qui toujours laissait à désirer.

En 1875 le quartier d'Iéna avait pris une grande extension, on y construisit la Caserne d'infanterie et l'eau que lui fournissait la turbine Girard lui devenait insuffisante.

Le Conseil municipal chargea une commission de rechercher de nouveau les moyens pour alimenter les hauts quartiers en eau potable.

Cette commission, après avoir pris l'avis de M. Bouffet, Ingénieur des Ponts et Chaussées, déposa un rapport contenant quatre projets :

1° Etablir à la Patte-d'Oie une machine à vapeur qui aspirerait l'eau d'une galerie filtrante qui serait construite au pied de la butte et la déverserait dans un réservoir qui la distribuerait dans les hauts quartiers ;

2° User de la force motrice dont la ville pouvait revendiquer la propriété à l'usine Vié pour refouler l'eau dans les hauts quartiers ;

3° Agrandir l'aqueduc de l'Origine et obtenir ainsi une

grande quantité d'eau susceptible d'actionner une turbine plus forte que la turbine Girard ;

4° Faire l'acquisition du moulin de Maquens qui venait d'être incendié et où existait une force motrice capable de satisfaire à tous les besoins.

La commission proposait au Conseil d'adopter ce quatrième projet et c'était aussi l'avis de M. Bouffet qui fit une étude très complète sur cette question.

En présence de la dépense que devait occasionner l'exécution de ces projets, le Conseil municipal hésita à émettre un vote ferme et les choses restèrent en l'état.

En 1876 une nouvelle commission, dont M. Nelli était le rapporteur, demanda, mais en vain, que les quartiers dépourvus d'eau fussent alimentés au moyen de la force motrice de l'ancienne Usine Vié.

Le 15 Mai 1877 on demanda à M. Roux, Ingénieur à Toulouse, un rapport sur ce sujet qui ne cessait d'être à l'ordre du jour.

M. Roux examina les six projets suivants qui lui furent présentés :

1° Etablissement d'une machine à vapeur à la Patte-d'Oie, alimentant un réservoir construit au point culminant de l'allée d'Iéna et fournissant 200 litres d'eau par habitant ;

2° Même projet, fournissant 400 litres d'eau par habitant ;

3° Utilisation de la force hydraulique de l'usine Vié, avec construction de filtres donnant 300 litres d'eau par habitant ;

4° Utilisation de cette même force pour élever pour chaque habitant des quartiers supérieurs 370 litres d'eau provenant des eaux basses de la ville ;

5° Agrandissement de l'aqueduc comme dans le projet de 1875 ;

6° Achat du moulin de Maquens.

Aucun de ces projets ne parut satisfaisant à M. Roux. Il en proposa un autre qui consistait :

1° A établir une machine à vapeur avec pompe centrifuge du système Averseng sur le terre-plein et au-dessus des voûtes de la turbine Girard, à la Porte de Toulouse ;

2° A construire un réservoir de 2000 mètres cubes, dans lequel aboutirait le tuyau de refoulement de la pompe. Ce réservoir devait être établi au point culminant de l'Allée d'Iéna.

Ce projet supprimait la machine Girard, ce qui permettait d'augmenter la charge des conduites inférieures de la ville.

Le Conseil municipal adopta ce dernier projet après quelques modifications.

On commença, en 1878, sous la direction de M. Roux, la construction du réservoir de 1000 mètres cubes qui se trouve à l'extrémité Sud de l'Allée d'Iéna. Une pompe à vapeur, installée aux quatre chemins, près de l'octroi de la route de Limoux, y refoulait l'eau prise dans l'aqueduc de l'Origine.

Jusqu'en 1886 on ne fit qu'entretenir les filtres de l'Origine ; on essaya de les perfectionner quelque peu, mais ils donnaient malgré tout une quantité d'eau insuffisante, et pour satisfaire les besoins de la population on était obligé d'envoyer dans la canalisation de l'eau prise à même dans l'Aude.

La Municipalité de 1886 tenta de reprendre l'un des projets élaborés en 1875 : achat de l'usine Roux à Maquens et établissement sur la rive droite de l'Aude de galeries filtrantes souterraines en amont du barrage. D'après ce projet dont les devis furent faits par M. Kruger, Architecte de la ville, on devait obtenir 18.000 mètres cubes d'eau par jour.

M. Jullien, Ingénieur en chef des Ponts et Chaussées, et M. Bouffet, Ingénieur, furent chargés d'examiner les devis de l'ensemble de ces travaux. Leur avis fut très favorable ; Le Conseil municipal, après la discussion d'un rapport présenté sur ce sujet par M. le Dr Petit, vota le 6 Décembre 1886 un emprunt de 1.128.000 francs afin de faire face à la dépense totale.

L'exécution de ce projet devait demander au moins deux ans, et les filtres de l'Origine ne donnaient plus qu'environ 2000 mètres cubes d'eau par jour, quantité absolument insuffisante pour alimenter Carcassonne. Pour remédier, en attendant, à cet état de choses, on construisit des filtres artificiels, en sable et gravier, dans les anciens bassins de décantation de l'Origine.

Ces nouveaux filtres fournirent 3.000 mètres cubes d'eau par jour.

Mais la municipalité de 1886 ayant été remplacée par une nouvelle avant que l'emprunt fût réalisé, le projet fut de nouveau abandonné.

Encore une fois on essaya en 1887 d'augmenter le débit des filtres de l'Origine et malgré de grosses dépenses on n'obtint pas un résultat satisfaisant. On était à tout moment obligé de compléter leur débit en prenant directement l'eau dans l'Aude par une rigole à ciel ouvert.

Pour la troisième fois le projet de Maquens fut repris en 1890, et il reçut alors un commencement d'exécution.

Le 31 Octobre 1890, la ville acheta l'Usine Maquens (1), et le droit d'établir des galeries filtrantes le long de la

(1) Tout ce qui suit, ayant trait au projet de Maquens, a été puisé dans les divers rapports adressés au Conseil municipal par M. Bouffet, Ingénieur en chef des ponts et chaussées, directeur des travaux, et par M. Cornac, Ingénieur ordinaire.

rive droite de l'Aude, en amont du barrage, sur une longueur de 600 mètres et une largeur de 50 mètres à partir de la rive.

Aussitôt après l'acquisition de l'Usine, on commença la construction de la galerie filtrante avant toute entreprise des travaux définitifs d'adduction et la distribution en ville, de façon à avoir la certitude que l'on obtiendrait de l'eau de bonne qualité et en quantité suffisante.

On a construit 366 mètres de filtres, qui sont formés par une galerie voûtée de $1^m$ 85 de hauteur sous clef, avec une largeur de 1 mètre au fond et de $1^m20$ aux naissances. Les pieds-droits sont fondés sur la couche du roc qui forme le fond de la vallée. Le pied-droit aval, maçonné à la chaux de Teil, arrête toutes les filtrations que le pied-droit du côté de la rivière, bâti à pierres sèches, laisse au contraire entrer dans la galerie. La voûte est en béton de ciment. Contre le pied-droit à pierres sèches, les remblais sont faits en galets et graviers jusqu'à la naissance de la voûte, et le surplus avec du sable pur jusqu'à 1 mètre au-dessus de l'*extrados*. La galerie se développe le long de la berge en s'en tenant à une distance moyenne de 35 mètres. Une deuxième galerie d'évacuation part de l'extrémité des filtres, et se prolonge en aval du barrage sur une longueur de 115 mètres, permettant de faire des chasses fréquentes pour assurer le nettoyage des filtres.

Les filtres sont à une profondeur de 3 mètres dans le sol.

Un siphon en tuyaux de fonte de $0^m$ 50 de diamètre et de 120 mètres de long prend les eaux en tête des filtres et les porte sur la rive gauche de l'Aude où un puisard a été construit.

L'Usine contient deux moteurs, une roue hydraulique de neuf chevaux et une turbine de dix-huit. Ils ont été utilisés pour refouler, le premier de 17 à 1800 mètres cubes d'eau dans le réservoir de la Patte-d'Oie, (on a été ainsi amené à supprimer la pompe à vapeur des quatre chemins), et le second pour envoyer de 7 à 8.000 mètres cubes d'eau par jour dans le vieil aqueduc de Pitot, qui passe à quelques mètres de l'Usine, et d'où on a dévié l'eau venant de l'Origine.

Cette installation provisoire fut mise en marche en Février 1892. Pendant les premiers temps, les filtres fournirent 10.500 mètres cubes d'eau par jour, mais pendant le courant de l'été, de petites crues limoneuses ayant envasé le lit de la rivière en amont du barrage, le volume de l'eau descendit à 7.000 mètres cubes par vingt-quatre heures. Après la première forte crue de l'hiver (9 Novembre 1892) qui nettoya complètement le bief, les filtres reprirent leur premier débit, qui s'est maintenu jusqu'aux premières pluies de l'été 1895. Depuis cette époque, et par la production des mêmes causes suivies des mêmes effets, les filtrations ont diminué et le débit est redescendu à 7.000 mètres cubes ; mais quelques temps après on fut obligé d'ouvrir les pertuis du barrage pour une réparation à faire à la chaussée. Il se produisit dans le bief de retenue une chasse énergique qui le nettoya, et depuis les filtres donnent journellement 10.000 mètres cubes d'eau.

Avec des travaux ainsi faits, travaux d'essai il est vrai, l'alimentation de la ville de Carcassonne en eau filtrée laissait encore beaucoup à désirer. D'abord la quantité d'eau filtrée obtenue n'était pas suffisante ; les habitants sont en droit d'en demander 15.000 mètres cubes — 500 litres par tête — afin de répondre à tous leurs besoins et à ceux de l'Edilité.

La conduite d'amenée en ville, vieille de plus de deux cents ans, est en très mauvais état, malgré les multiples réparations qu'on n'a cessé d'y faire.

L'eau arrive en ville sous une pression insuffisante, et

dans les hauts quartiers, même en se servant du réservoir de Patte-d'Oie et de la turbine Girard de la Porte de Toulouse, cette pression est à peu près nulle.

Enfin les pompes établies à Maquens sont dans un tel état d'usure qu'elles ne pourront bientôt plus continuer le travail qu'on leur demande (malgré les coûteuses réparations que l'on ne cesse d'y faire) et la chaussée n'est pas d'une solidité à toute épreuve.

Pour remédier à ces multiples inconvénients, le Conseil municipal, dans sa séance du 30 Juillet 1895, vota un emprunt de 685.000 fr. nécessaire pour mettre à exécution le projet définitif de l'alimentation de la ville en eau filtrée dressé par M. Bouffet, Ingénieur en chef des Ponts et Chaussées, et par M. Cornac, Ingénieur ordinaire.

D'après ce projet, on devait prolonger de 240 mètres les galeries filtrantes de Maquens, et obtenir ainsi les 15.000 mètres cubes nécessaires aux habitants de Carcassonne. Il est certain que de nouveaux filtres ainsi établis donneraient un rendement plus considérable que ceux construits en 1891, car, étant assez éloignés de la chaussée, ils ne s'envaseraient pas, puis ils seraient établis sur un ancien lit de l'Aude, où les infiltrations sont très abondantes.

Le barrage serait reconstruit; il serait formé par un mur en maçonnerie placé à 25 mètres en aval de celui qui existe aujourd'hui. Un conduit visitable serait ménagé dans son épaisseur, afin de remplacer le siphon qui conduit les eaux filtrées de la rive droite sur la rive gauche. Au fond du barrage et sur les deux rives, on établirait des pertuis s'ouvrant facilement et permettant de nettoyer le bief par des chasses lorsqu'il serait envasé et aurait fait diminuer le débit des filtres.

Les moteurs existants seraient remplacés par deux turbines actionnant chacune deux pompes Girard susceptibles d'élever 15.000 mètres cubes d'eau par jour. L'utilité de ces deux moteurs est reconnue pour parer aux accidents qui peuvent leur arriver et pour qu'ils puissent fonctionner ensemble en temps de crue, quand la diminution de la chute réduira leur puissance.

L'eau alimentaire serait refoulée dans un réservoir de 10.500 mètres cubes divisé en deux compartiments. Il serait recouvert de terre pour maintenir la fraîcheur des eaux. Ce réservoir serait établi sur le plateau de Maquens dont la côte moyenne est de 142 mètres, c'est-à-dire qui dépasse de 21 mètres le point le plus haut du quartier d'Iéna, et de 24 mètres l'octroi de la route de Narbonne. De ce réservoir l'eau pourrait même aller jusqu'à la Cité, car la Porte Narbonnaise n'est qu'à 138 mètres d'altitude.

Enfin, du réservoir de Maquens partirait une conduite d'amenée en tuyaux de fonte de 0 m. 60 de diamètre qui irait jusqu'à la porte de Toulouse alimenter le réseau de distribution. Cette conduite serait suppléée en cas de réparations utiles par la conduite déjà posée qui va de l'Usine de Maquens au réservoir de Patte-d'Oie.

Ce projet fut apppouvé et il aurait été exécuté si les élections municipales n'avaient amené à l'Hôtel-de-Ville de nouveaux conseillers (Mai 1896).

Ceux-ci refusèrent de lui donner suite, pour ce seul motif qu'il comportait l'abandon des eaux de l'Origine, et ils firent rédiger par M. Roques, Architecte de la ville, un projet ayant pour principal objet la conservation des anciens filtres et la réparation de l'Aqueduc de Pitot.

Ce projet ne reçut pas l'approbation du Conseil général des Ponts-et-Chaussées. M. Sauzède, Maire de Carcassonne, chargea alors M. Quintin, Ingénieur des Ponts-et-Chaussées, directeur des travaux de la ville de Toulouse, d'étudier à nouveau ce problème.

Le projet de M. Quintin qui diffère très peu de celui de M. Bouffet est adopté. Le Conseil municipal a voté dans une de ses dernières séances la somme de 780.000 fr. pour le mettre à exécution et il est très probable que les premiers travaux vont être commencés prochainement.

Voici l'économie de ce nouveau projet dont les principales différences avec celui que nous venons d'examiner consistent à utiliser les eaux de l'Origine et à placer le réservoir sur le côteau de Grazaille au lieu du côteau de Maquens, c'est-à-dire en queue de la canalisation au lieu de la mettre en tête.

Dans son rapport, M. Quintin (1) constate que Carcassonne est une des rares cités qui ont assez d'eau, car elle en a trop ; il ne se préoccupe pas de la qualité de ces eaux provenant de Maquens et de l'Origine qui ont évidemment, dit-il, une qualité identique à celle des eaux de la ville de Toulouse puisée dans l'alluvion de Portet, et qui ont été reconnues excellentes à tous les points de vue par M. le docteur Marvaud, chef du service de santé du 17me corps d'armée. Il ne considère la question qu'au point de vue de l'art de l'ingénieur.

M. Quintin propose de conserver les travaux de l'Origine et celà pour plusieurs raisons : Il trouve qu'on ne peut renoncer au bénéfice d'un débit de plus de 10.000 mètres d'eau limpide, que donnent les filtres par 24 heures après 100 ans d'existence (jaugeage du 12 Juin 1898).

Puis ils servent à alimenter les hameaux de Maquens et de Villalbe et ils pourraient être d'une précieuse ressource pour Carcassonne au cas où il se produirait une interruption de la distribution des eaux de Maquens.

Enfin, les eaux de l'Origine pourront être utilisées pour l'arrosage des rues et le lavage des égoûts.

---

(1) Quintin. — *Amélioration de la distribution de l'eau de la ville de Carcassonne.*

Le projet de M. Quintin, comme celui de M. Bouffet, prévoit la reconstruction du barrage et de l'usine Maquens et le changement des machines.

Ici se trouve une différence : tandis que M. Bouffet prévoit l'établissement de deux turbines capables d'élever chacune 15.000 mètres cubes d'eau par jour, ce qui est le maximun prévu pour l'alimentation de la ville, M. Quintin se contente d'une force moindre et il se sert du surplus pour actionner des dynamos qui fourniront la lumière électrique aux établissements municipaux. Il prévoit alors :

1° Une turbine de 90 chevaux actionnant les pompes destinées à élever 7.500 mètres cubes dans le réservoir de Grazaille ;

2° Une turbine identique, actionnant les pompes alimentaires du réservoir de la Patte-d'Oie et les dynamos ;

3° Une troisième installation semblable comme matériel de réserve.

Le réservoir prévu par M. Quintin sera construit à Grazaille ; voici les raisons qu'il donne au sujet de cette modification. « Il n'est pas douteux qu'il vaille mieux le choisir en queue de la distribution qu'en tête et utiliser la conduite de refoulement pour le service en route.

« La crainte des coups de bélier qui a été invoquée pendant longtemps pour justifier l'établissement des réservoirs en tête des distributions, n'est plus fondée aujourd'hui. Les exemples d'Albi et de Toulouse le prouvent nettement.

« Avec un réservoir de queue on fait plus que doubler la puissance de débit de la distribution, ce qui permet, tout en assurant mieux le service, de réaliser des économies par la réduction du diamètre des tuyaux.

« C'est ainsi qu'avec une conduite de 0m 40 de l'usine au Canal du Midi, puis de 0m 50 jusqu'au réservoir, il est possible d'assurer, sans pertes de charges supplémentaires, la même distribution qu'avec la conduite de 0m 60 de l'ancien projet.

« A Carcassonne, il existe un plateau dit de Grazaille, situé au-dessus de la Gare, plus rapproché du centre de la Ville que le plateau de Maquens et les environs de la Cité.

« Son altitude est de 146 mètres du plateau, c'est-à-dire supérieur de 4 mètres à celle de Maquens.

« C'est là que nous proposons d'installer le nouveau réservoir qui, avantages économiques et techniques très appréciables, pourra être presque entièrement construit en déblai et à un niveau un peu supérieur à celui projeté à Maquens. »

Le projet de M. Bouffet ne prévoyait pas la réfection immédiate de la canalisation en ville. M. Quintin estime, au contraire, qu'on doit changer cette canalisation, car elle est composée de tuyaux de trois espèces, fonte, chameroy et poterie ; les deux premiers pourront résister à l'eau venant en ville sous pression, mais ceux en poterie ne seraient pas été assez résistants.

D'un autre côté, comme le montrent les analyses que nous avons faites, cette canalisation est excessivement sale et les eaux s'y polluent à leur passage ; à ce point de vue, on ne peut donc que louer cette partie du projet de M. Quintin.

Cependant, comme on ne peut abandonner la canalisation actuelle et la remplacer totalement, M. Quintin propose de la laisser subsister et d'y envoyer les eaux ayant une basse pression ; elles serviront pour le lavage des rues et plus tard elles seront très utiles lorsque le réseau d'égoûts, qu'il est évidemment nécessaire d'établir, aura été effectué, pour noyer tous les égoûts avec autant d'eau qu'il plaira, et ainsi assainir la ville d'une manière irréprochable.

Tel est le projet qui va être mis sous peu à exécution et il n'est que temps car la ville de Carcassonne est actuellement des plus mal alimentées, en hiver principalement. A l'époque des submersions, comme nous le démontrons plus loin, l'eau des fontaines est de très mauvaise qualité et dangereuse pour la santé publique.

---

## CHAPITRE III

### Géographie et Géologie de la rivière d'Aude

La rivière d'Aude présente nettement tous les caractères des cours d'eau à régime torrentiel. La rapidité de ses pentes supérieures et le peu de profondeur de son lit dans la plaine y rendent la navigation impossible, mais elle est flottable depuis Quillan jusqu'à la mer.

Plus qu'une autre rivière, elle varie de volume suivant les saisons et les conditions atmosphériques et cette variation passe de 5 mètres cubes par seconde à l'étiage à 3.000 mètres cubes en temps de grande crue.

D'après des renseignements positifs, elle roule tous les ans 1.700.000 mètres cubes de limon qui se déposent le long du littoral.

M. Duponchel (1) estime au 12 millième de son volume d'eau la quantité de limon roulé par l'Aude et que les apports de cette rivière égalent un dixième de ceux du Rhône dont le bassin est 20 fois plus étendu, ce qui montre que les apports de l'Aude sont doubles de ceux du Rhône à superficie égale.

(1) Duponchel (Traité d'hydraulique et de géologie agricoles).

Nadault de Buffon *(colmatage et limonage)* considère l'Aude comme un des fleuves qui charrient le plus.

M. G. Gautier (1) dit que la boue liquide de l'Aude, décantée dans une éprouvette de 1 mètre de hauteur, pourrait y laisser parfois déposer jusqu'à 10 centimètres de matière solide. Toutefois, ajoute M. Gautier, étant donné l'immensité du bassin de dépôt, ce n'est pas généralement par centimètres, mais par millimètres qu'il faut calculer.

En résumé, la quantité de limon roulé par l'Aude est plus que suffisante pour avoir pu déposer, en sept siècles, entre Coursan et la mer, une masse alluviale de 14 kilomètres d'étendue alors que la mer et les vents ont aidé le fleuve dans son œuvre. (2)

L'Aude nait au pied du Roc d'Aude (2.475$^{m}$) dans le lac d'Aude près des Angles, village du canton de Mont-Louis. Elle coule d'abord au milieu des vastes forêts de pins à crochets qui limitent à l'ouest le plateau de Capcir (1.500$^{m}$ d'altitude moyenne). Elle passe à Matemale, reçoit à gauche les rivières de la Lladure et du Galbe et sort du département des Pyrénées-Orientales par une dépression située à l'Est du col d'Ares.

Elle traverse alors la forêt de Carcanet, située dans la partie la plus orientale du département de l'Ariège et coulant à travers une gorge profonde, elle sert pendant quelques kilomètres de limite aux deux départements de l'Ariège et de l'Aude.

Au-dessous du château d'Husson, elle se grossit à gauche du fort torrent de Pallières, descendu de la crête du

(1) G. Gautier. De la formation de la basse plaine de Narbonne.

(2) Voir à ce sujet : G. Jourdanne, Les variations du littoral narbonnais.

même nom ; puis elle entre dans le département de l'Aude à l'est de Campagna-de-Sault.

Toujours étroitement encaissée, elle passe au-dessous de Fontanès, baigne la forêt de Gesse, se grossit de l'Aiguette qui prend sa source au Serrat de Belcaire, et se dirigeant au nord, parcourt les gorges de Saint-Georges.

Elle passe ensuite à Axat, reçoit à droite le ruisseau d'Alies, à gauche la rivière de Rebenty et s'engage dans l'étroit défilé de la Pierre-Lys, d'où elle sort pour baigner Belvianes et Quillan.

A partir de ce dernier point, commence le cours moyen de la rivière qui reçoit, à droite, le ruisseau de St-Bertrand, la rivière de Sals, le torrent de Saint-Polycarpe ; à gauche le ruisseau de Fa, les rivières de Roquetaillade, de Lagagnoux, du Cougain et du Sou et baigne successivement Couiza, Alet, Limoux, Cépie, Pomas, Roufliac-d'Aude, Preixan et Couffoulens.

A ce dernier village, elle se grossit à droite du Lauquet. Elle devient alors une rivière étendant au loin son lit de cailloux roulés, descendant en zigzags jusqu'à Carcassonne, où elle passe entre la ville basse et la Cité ; elle se rapproche du canal du Midi auquel elle reste sensiblement parallèle jusqu'à la mer.

Elle arrose Trèbes et Capendu et, après avoir reçu l'Orbieu et la Cesse, elle se divise en deux bras dont l'un conservant le nom d'Aude, va par Cuxac et Coursan se jeter dans la Méditerranée, près de la redoute de Vendres, presque à la limite du département de l'Aude et de l'Hérault ; l'autre prend le nom de Robine, et, sous forme de canal, passe à Narbonne, suit une étroite lagune de terre qui sépare l'étang de Sigean de l'étang de Gruissan et tombe dans la mer par le canal qui forme le port de La Nouvelle. La longueur totale de son cours est d'environ 208 kilomètres.

## Géologie

Dans toute sa haute vallée soit dans les Pyrénées-Orientales, soit dans les départements de l'Ariège et de l'Aude, la rivière coule à travers des *Granites* qui cessent à peu près à hauteur d'Husson au confluent du torrent de Paillères.

A ceux-ci succèdent les *Dolomies métallifères des Corbières* (Dévonien) qui se continuent jusqu'au moment où la rivière pénètre dans le département de l'Aude.

Puis elle traverse des *Griottes des Corbières* (calcaires et dolomies schisteuses du Dévonien) à l'extrémité Nord desquelles pénètre, comme un coin, une bande de schistes du carbonifère.

Elle coule ensuite jusqu'en dessous de son confluent avec l'Aiguette, dont le bassin de réception est formé des mêmes roches et dans le même ordre que ci-dessus, au milieu des *calcaires saccharoïdes de Comus*, classés par M. Viguier, dans les calcaires primitifs. (1).

De ce point et jusqu'en dessous de Quillan, les terrains traversés se classent comme il suit :

1° *Calcaires compactes à Toucasia-Carinata* (Urgo-Aptien Crétacé inférieur) jusqu'à hauteur des Gorges de Saint-Georges.

2° *Marnes noires à Ammonites Milletianus des petites Pyrénées et des Corbières* (Albien, Crétacé inférieur) jusqu'en dessous du confluent du Rebenty qui coule presque en entier à travers les différents étages (Albien et Urgo-Aptien du crétacé inférieur).

---

(1) Viguier : Etudes géologiques sur le département de l'Aude.

3° *Calcaires compactes à Toucasia Carinata* déjà nommés, jusqu'à la sortie des Gorges de la Pierre Lys.

4° *Marnes noires* déjà nommées jusqu'au confluent du ruisseau de Saint-Bertrand.

De ce point à Espéraza elle rencontre dans le *Crétacé supérieur*, le *Garumnien*, caractérisé par des poudengues calcaires et des gypses ; puis va au nord jusqu'à Couiza à travers les Marnes à *Tourritelles* et *Operculines des Corbières* terrains nummulitiques (étage Lutécien) de l'Eocène.

L'Aude sépare sur une certaine longueur, à partir des confluents de la Sals, les terrains ci-dessus de l'étage Garumnien déjà mentionné et rencontre, après avoir traversé une étroite bande de ce dernier, les grès d'Alet de l'étage Danien.

Elle longe ensuite, à droite, la base des hauteurs ayant leur point culminant vers le hameau de Buc, constituées par les *Calcaires* et *Dolomies schisteuses* du Dévonien, elle traverse une légère bande de Marnes du Lutécien de la série Eocène et pénètre enfin à hauteur de son confluent avec le ruisseau de Saint-Polycarpe dans la vaste région constituée par les grès de Carcassonne (Etage Bartonien de la série Eocène, terrains tertiaires) terrains qui se prolongent au-dessous de Carcassonne par les alluvions de la période quarternaire, continués eux-mêmes jusqu'à la mer par les dépôts de l'époque actuelle.

---

# DEUXIÈME PARTIE

## CHAPITRE PREMIER

## Analyse chimique

J'ai fait deux séries principales d'analyses des eaux d'alimentation de Carcassonne.

La première, au commencement de l'année 1896, dans le laboratoire particulier de M. le Professeur Garrigou, étant encore étudiant à la Faculté de Toulouse. J'opérai alors sur une quantité d'eau considérable : 30 litres pour chaque analyse.

Je viens de faire la deuxième à Carcassonne (1899-1900) ; mais ne disposant pas dans mon officine d'un laboratoire aussi complet que celui dans lequel je travaillais en 1896, j'ai dû parfois modifier les méthodes que j'ai employées à Toulouse. Je me suis appliqué, dans ce dernier cas, à suivre les instructions données par le Comité consultatif d'hygiène de France pour l'analyse des eaux destinées à l'alimentation des communes.

Voici les procédés dont je me suis servi pour toutes ces analyses :

### PRISE DES ÉCHANTILLONS

L'eau de Carcassonne dont l'analyse a été faite à Toulouse, a été transportée dans cette ville, dans des bonbonnes de verre de 30 litres. Celle provenant de fontaines qui coulent sans cesse, était recueillie directement dans les bonbonnes ; celle prise dans les filtres, la rivière ou les puits, y a été puisée au moyen d'un broc en porcelaine, en prenant toutes les précautions nécessaires pour éviter toute cause d'erreur.

Au moment de la prise des échantillons, la température de l'eau, celle de l'air et l'état de l'atmosphère ont été notés.

J'ai opéré de même pour les eaux analysées à Carcassonne, mais en ne prélevant pour chaque échantillon que 5 litres d'eau que je recueillais dans des bouteilles ordinaires de un litre de capacité.

### EXAMEN DES CARACTÈRES ORGANOLEPTIQUES

Dès que l'eau était arrivée au laboratoire, j'examinais son aspect, sa couleur, sa saveur et son odeur.

### PRISE DE LA DENSITÉ

Je n'ai pu prendre la densité que des échantillons analysés dans le laboratoire de M. le Professeur Garrigou. La prise de la densité se faisant assez rarement lorsqu'on analyse des eaux potables, je crois devoir décrire entièrement la façon dont j'ai opéré :

Je me suis servi de carafes de verre graduées par Baudin. Ces carafes, remplies d'eau jusqu'au trait de jauge, donnent le poids apparent d'un litre d'eau à 15°. Pesé dans le vide, à 15°, un litre d'eau distillée pèse 998gr084, d'après la formule de M. Berthelot.

Le vase gradué était rempli avec l'eau à examiner ramenée à 15°.

Au moyen d'une tige de papier filtre et en visant avec un cathétomètre, on enlevait la quantité d'eau en excès, de manière à ramener le bas du ménisque formé par l'eau, exactement au trait de jauge.

Après avoir bien essuyé le vase extérieurement et avoir enlevé à l'aide de papier buvard les traces d'eau qui pouvaient se trouver à l'intérieur du goulot, au-dessus du ménisque, on effectuait la pesée sur une balance qui, chargée de deux kilogrammes sur chaque plateau, est encore sensible au demi-milligramme.

La pesée a été opérée de la manière suivante :

Sur le plateau gauche de la balance on a placé :

1° La tare du flacon à densité, vide ;

2° Un poids étalon de un kilogramme.

Sur le plateau de droite :

1° Un poids de 1 gr. 916 (1000 — 998,084 = 1916) représentant la différence entre 1000 grammes et 998 gr. 084, de façon à avoir le poids exact d'un litre d'eau distillée.

2° La fiole jaugée remplie jusqu'au trait de jauge avec l'eau à examiner.

Le chiffre obtenu par l'addition des poids sur le côté droit de la balance, nécessaires pour établir l'équilibre, donnait la densité de l'eau

## RÉACTION AU TOURNESOL

La réaction au tournesol a été constatée avec de la teinture de tournesol sensibilisée.

## DÉTERMINATION DU DEGRÉ HYDROTIMÉTRIQUE

La méthode hydrotimétrique permet de déterminer assez rapidement la *dureté* d'une eau, c'est-à-dire sa teneur en sels calcaires et magnésiens, mais elle ne donne pas de résultats rigoureusement exacts. Le Comité consultatif d'hygiène de France exige cependant qu'on l'applique à toutes les analyses des eaux destinées à l'alimentation publique ; c'est pour ce motif que je m'en suis servi.

La méthode ordinairement employée est celle de Boutron et Boudet ; elle nécessite une burette spéciale et un matériel spécial. La liqueur de savon est trop concentrée, elle dépose sans cesse et son titre varie à tel point qu'il est utile de la titrer chaque fois qu'on veut s'en servir.

M. le Professeur Frébault a porté une heureuse modification à cette manière d'opérer (1). Sa modification permet l'usage d'une burette anglaise ordinaire.

La formule de sa liqueur de savon est :

| | |
|---|---|
| Savon amygdalin bien sec.................... | 10 gr. |
| Alcool à 90°.................................. | 660 C³ |
| Eau distillée................................. | 340 C³ |

Pour la préparer, on fait dissoudre le savon dans l'alcool à une douce chaleur puis on complète le volume de 1 litre avec de l'eau distillée.

La composition de cette liqueur est pourtant variable, et il est nécessaire de la titrer souvent. La variabilité du titrage tient principalement au savon employé pour faire la liqueur, il n'est jamais d'une composition constante, puis cette liqueur dépose un peu, surtout par les temps froids.

Pour établir son titre, on prépare la solution suivante :

| | |
|---|---|
| Carbonate de chaux pur.... | Q gr. 20. |
| Acide chlorhydrique........ | Q. S. pour décomposer |
| Eau distillée............... | Q. S. pour faire une litre |

Dissoudre le carbonate de chaux dans l'acide chlorhydrique, évaporer à siccité, calciner légèrement et reprendre par l'eau.

(1) A. Frébault. — *Manipulations de Chimie*, page 135.

Cette liqueur calcique correspond à 20° hydrotimétrique, car par définition un degré hydrotimétrique correspond à 0 gr. 01 de chlorure de calcium par litre.

Pour faire le titrage de la liqueur de savon, on prend un flacon de 90 centimètres cubes, bouché à l'émeri et gradué à 50 centimètres cubes. On y introduit de la solution titrée calcique jusqu'au trait de jauge, puis on y ajoute peu à peu la liqueur de savon à l'aide d'une burette anglaise graduée à un dixième de centimètre cube, jusqu'à ce qu'on obtienne une mousse persistante pendant une dizaine de minutes, après une forte agitation.

Avant de faire le titrage, on doit faire une opération préalable avec de l'eau distillée pour savoir quelle est la quantité de liqueur de savon nécessaire pour faire mousser cette eau. On obtient ainsi une constante C.

Pour que la liqueur de savon soit au titre voulu, il faut que l'on en emploie 10 + C centimètres cubes dans l'essai précédent.

Généralement, la liqueur préparée suivant la formule de M. Frébault est trop forte, et l'on est obligé de la diluer.

La liqueur d'épreuve étant titrée et la correction à effectuer étant établie, on peut prendre le degré hydrotimétrique d'une eau.

On opère sur 50 centimètres cubes de l'eau à analyser, et on y ajoute la liqueur de savon, goutte à goutte, avec la burette graduée, jusqu'à apparition de la mousse persistante.

Du résultat obtenu, c'est-à-dire du nombre de centimètres cubes de liqueur de savon employés, on retranche la constante C et multipliant par 2 le chiffre final, on a le degré hydrotimétrique de l'eau.

En effet :

10 centimètres cubes de la liqueur de savon correspondent par définition à 20°.

1 correspondra à $\frac{20}{10} = 2$.

Et $n$ correspondront à $n \times 2$.

Donc, si nous désignons par D° le degré hydrotimétrique cherché, et par $n$ ce nombre de centimètres cubes de liqueur de savon employés, nous aurons :

$$D^{o} = 2\,(n\text{-}C).$$

Pour que le dosage se fasse bien, il faut que l'addition de la liqueur de savon à l'eau ne donne pas immédiatement un précipité, mais un simple louche. On ne doit jamais opérer directement sur une eau marquant plus de 30° hydrotimétriques. Dans ce cas il faut la diluer et doser la liqueur étendue en tenant compte de la dilution.

Au moyen de cette méthode, nous avons déterminé, entre le degré hydrotimétrique total des eaux analysées, la proportion de carbonate de chaux, de sulfate de chaux ou autres sels calcaires, de sels de magnésie et d'acide carbonique qu'elles renfermaient.

Voici comment nous avons procédé :

Après avoir pris le degré hydrotimétrique total, que nous désignerons par A pour la facilité de notre exposé, nous ajoutions deux c.c. de solution d'oxalate d'ammoniaque à soixante-dix c.c. d'eau à essayer. Après agitation, repos d'une demi-heure et filtration, nous prenions de nouveau le degré hydrotimétrique ; soit B ce degré.

125 c.c. d'eau étaient ensuite portés à l'ébullition pendant demi-heure. Après refroidissement nous rétablissions avec de l'eau distillée le volume primitif, puis nous filtrions et le degré hydrotimétrique était pris. Désignons-le par C.

Finalement à 60 c.c. de cette eau bouillie et filtrée nous ajoutions deux c.c. d'oxalate d'ammoniaque. Après une demi-heure de repos et filtration, le degré hydrotimétrique était de nouveau déterminé. Soit D.

On sait que :

A représente, l'acide carbonique, les sels de chaux et de magnésie. B les sels de magnésie et l'acide carbonique restés après la précipitation de la chaux.

La différence entre A et C représente $CO^2$ et le carbonate de chaux. Enfin D correspond aux sels de magnésie restés dans l'eau.

Dès lors (1) :

L'acide carbonique = B — D.

Le carbonate de chaux = (A — C) — (B-D).

Les sels de chaux évalués en sulfate de chaux = C — D.

Les sels de magnésie = D.

Me reportant au tableau établi par Boutron et Boudet, modifié pour les sels de magnésie par Courtonne, j'obtenais le poids correspondant de chacun de ces corps renfermés dans les échantillons analysés.

### DOSAGES DES MATIÈRES ORGANIQUES

Pour doser des matières organiques j'ai employé le procédé de M. Albert Lévy conseillé par le Comité consultatif d'Hygiène (2.)

Dans cette méthode on prend comme unité le milligramme d'oxygène absorbé par la matière organique d'un litre d'eau.

### RÉSIDU SEC

Le résidu sec des eaux analysées à Toulouse a été obtenu en évaporant 20 litres d'eau.

Pour ne pas altérer les corps facilement décomposables par la chaleur, l'évaporation a été faite en grande partie dans un appareil à distiller dans le vide.

---

(1) Voir F. Jadin : *Hydrologie Minérale*, page 206.

(2) E. Jungfleisch : *Manipulations de Chimie*, page 955.

Je me suis servi d'un appareil composé d'un ballon de 10 litres, installé sur un bain-marie à niveau constant et muni d'un bouchon en caoutchouc percé de deux trous.

Dans l'un de ces trous, était fixé un tube de verre reliant le ballon avec un long réfrigérant de Liebig. Dans l'autre, passait un siphon dont la branche extérieure était terminée par un robinet.

Le réfrigérant de Liebig se rendait dans un flacon de trois litres à large ouverture fermé par un second bouchon de caoutchouc. Ce bouchon était percé de trois trous, l'orifice inférieur du réfrigérant débouchait dans l'un. Par le second passait un siphon terminé extérieurement par un robinet et au troisième était fixé un tube en verre à soupapé relié avec une trompe à vide de Garros. Cette trompe était mise en communication au moyen d'un robinet à trois voies, avec un manomètre à mercure. (*Appareil à distillation dans le vide de M. Garrigou.*)

Cet appareil étant hermétiquement clos, on y faisait le vide, et au moyen du siphon adapté au ballon de dix litres, on remplissait à moitié celui-ci d'eau à analyser préalablement mesurée. Puis pon istillait tout en faisant fonctionner la trompe.

L'eau distillée venait se condenser dans le flacon à large ouverture d'où on la siphonait de temps à autre sans qu'il fut besoin de démonter l'appareil.

La distillation s'opérait ainsi à l'abri de l'air et à une température variant entre 25 et 30°.

Lorsque l'eau contenue dans le grand ballon était en grande partie distillée, on y en introduisait d'autre au moyen du siphon et on recommençait cette opération jusqu'à ce que les vingt litres fussent à peu près évaporés. Lorsqu'il ne restait plus dans le ballon que deux ou trois cent centimètres cubes d'eau, on cessait la distillation et on versait cette eau avec le résidu dans une capsule en platine *tarée*. La portion du résidu restant adhérente aux parois du ballon était détachée au moyen de morceaux de platine bien décapés, qui étaient vivement agités dans l'intérieur du ballon. Tout le résidu était rassemblé avec grand soin dans la capsule de platine, ainsi que les eaux du lavage qui servaient à bien nettoyer le ballon et à enlever les dernières traces de résidu qui pouvaient rester adhérentes aux parois. L'eau qui servait pour faire les lavages avait été distillée deux fois.

L'évaporation du résidu réuni dans la capsule de platine était terminée à la vapeur d'eau d'un bain-marie. Pendant cette opération, la capsule était recouverte d'un entonnoir de verre afin de la mettre autant que possible à l'abri des poussières de l'air.

La dissiccation étant complète on laissait la capsule deux heures dans une étuve chauffée à 105° ; et après l'avoir laissée refroidir dans un dissiccateur on la pesait.

L'augmentation de poids de la capsule donnait le poids du résidu à 105° de 20 litres d'eau. En le divisant par 20, on obtenait celui de 1 litre.

Dans les analyses faites à Carcassonne, je n'évaporais qu'un litre d'eau dans une capsule en porcelaine tarée. L'évaporation se faisait d'abord à feu nu, puis à la fin au bain-marie ; je la terminais comme plus haut.

### RÉSIDU FIXE ET PERTE AU ROUGE

Le résidu fixe a été obtenu en calcinant au rouge sombre le résidu à 105°. La différence de poids entre les deux pesées nous a donné la perte au rouge qui correspond principalement au poids des matières organiques et à celui des corps facilement volatils.

### ACIDE SILICIQUE

La silice a été dosée dans le résidu fixe. Celui-ci était repris par l'acide chlorhydrique étendu puis jeté sur un filtre Berzélius sans plis et lavé à l'eau distillée jusqu'à ce que la liqueur filtrée ne fut plus acide. Le filtre était ensuite séché à l'étuve, calciné dans une capsule de platine tarée et pesée. Nous avions ainsi le poids de silice contenu dans un litre d'eau.

### SULFATES

Le dosage des sulfates a été fait à l'état de sulfate de Baryte. L'opération se faisait sur le résidu de un litre d'eau porté au rouge. Ce résidu était repris par de l'acide chlorhydrique étendu ; nous y ajoutions ensuite, à chaud, assez de chlorure de Baryum pour transformer en sulfate de Baryte tous les sulfates qu'il renfermait.

Le sulfate de Baryte ainsi obtenu, était lavé sur un filtre sans plis, puis séché à l'étuve, calciné et finalement pesé dans un creuset en porcelaine préalablement taré.

Du poids de sulfate de Baryte trouvé, nous déduisions le poids d'acide sulfurique contenu, à l'état de sulfate, dans un litre d'eau analysée.

### CHLORURES

Pour doser les chlorures, j'ai repris par l'eau acidulée d'acide azotique et par l'eau distillée le résidu de l'évaporation de 1 litre d'eau à 105°. Après filtration, de façon à séparer la partie soluble dans laquelle se trouvaient les chlorures, du résidu insoluble formé par la silice et le sulfate de chaux, j'ajoutais à la liqueur filtrée une solution d'azotate d'argent pour transformer en chlorure d'argent insoluble tous les chlorures contenus dans la solution.

Le précipité obtenu était jeté sur un filtre sans plis, lavé à l'eau bouillante et calciné dans un creuset en porcelaine. Avant la fin de la calcination, les cendres étaient mouillées avec quelques gouttes d'eau régale pour transformer en chlorure d'argent tout l'argent qui avait été réduit par les matières organiques du filtre.

La calcination étant terminée, nous pesions le creuset et nous avions le poids des chlorures et par suite celui de l'acide chlorhydrique contenu dans un litre d'eau.

### ACIDE CARBONIQUE

Comme nous l'avons dit plus haut (page 60), nous avons déterminé, au moyen de la méthode hydrotimétrique, la quantité d'acide carbonique renfermée dans les eaux analysées à Carcassonne.

Dans les analyses faites à Toulouse, nous avons suivi un autre procédé basé sur la décomposition des carbonates par l'acide sulfurique et mise en liberté de l'acide carbonique.

L'appareil dont nous nous sommes servi se compose de matras de verre portant une tubulure sur la paroi latérale. Sur le goulot s'adapte, fermant à l'émeri, une ampoule à robinet, dont l'extrémité débouche à quelques millimètres du fond du matras.

A la tubulure latérale, est soudé un tube de verre qui se rend dans un barboteur à acide sulfurique. Nous avons évaporé deux litres d'eau dans une capsule de platine, au bain de sable. Lorsque la dissication a été complète, le résidu obtenu a été introduit dans le matras de l'appareil à dosage. C'est là une opération très délicate, car il est très difficile de détacher tout le résidu adhérent aux parois de la capsule de platine, et il est important de ne perdre aucune trace de ce résidu. On y parvient cependant en frottant la capsule, à la fin de l'opération, avec du sable de mer arrondi, préalablement lavé à l'eau régale et ensuite à l'eau distillée (procédé du laboratoire de M. le Professeur Garrigou). Le sable détache le résidu et on l'introduit avec celui-ci dans le matras. A la fin, on rince la capsule avec de l'eau distillée, que l'on joint au résidu.

Cela fait, on met de l'acide sulfurique au cinquième dans l'ampoule, le robinet étant fermé de façon à ne pas faire pénétrer d'acide dans le tube inférieur de l'ampoule, puis on met l'ampoule sur le matras.

On porte tout l'appareil ainsi monté sur la balance, et on fait la tare. Après avoir laissé le tout se mettre en équilibre de température avec l'extérieur, on laisse tomber peu à peu l'acide sulfurique sur le résidu divisé par le sable. Les carbonates sont décomposés et $CO^2$ se dégage entraînant mécaniquement un peu de vapeur d'eau, qui est arrêtée par l'acide sulfurique du barboteur. Lorsque la réaction est terminée, on fait passer un courant d'air dans l'appareil, de façon à chasser tout l'acide carbonique gazeux qu'il pourrait contenir et on pèse de nouveau. La perte de poids de l'appareil représente le poids de l'acide carbonique contenu dans les carbonates de l'eau analysée et qui a été expulsé. Comme on a opéré sur deux litres, en divisant par deux ce poids, on a le poids de $CO^2$ que contient un litre d'eau à l'état de carbonates.

### ACIDE AZOTIQUE

L'acide azotique a été dosé au moyen du procédé de Boussingault (1).

Nous avons pris 20 c.c. d'eau à analyser, nous les avons évaporés au quart et mis dans un tube à essai avec un demi centimètre cube d'acide chlorhydrique pur. Quelques gouttes de solution titrée de sulfate d'indigo y ont été ajoutés à l'aide d'une burette graduée.

---

(1) E. Jungfleisch. *Manipulations de chimie*, page 964.

Nous avons fait bouillir ; la coloration bleue tendant à disparaître, nous avons ajouté une nouvelle quantité de solution titrée. Cette opération a été recommencée jusqu'à ce que nous ayons obtenu une coloration vert chrome persistante, qui a été prise comme terme de la réaction.

Connaissant le titre de la liqueur de sulfate d'indigo employée, nous en avons déduit la quantité d'azotates qui se trouvait dans l'eau analysée.

### AZOTITES

Nous avons constaté la présence des azotites au moyen de la réaction suivante qui est d'une très grande sensibilité :

Dans 10 cent. cubes d'eau, nous versions une goutte d'acide sulfurique pur dilué à 1/5, puis une goutte de solution aqueuse saturée d'acide sulfanilique, et après quelques instants, une goutte de solution saturée de sulfate de naphtylamine. En présence des azotites, il se développait une teinte rose d'autant plus intense que la proportion des azotites était plus grande.

### AMMONIAQUE

L'ammoniaque a été recherché à l'aide du réactif de Nessler (1.)

Les eaux analysées contenant très peu d'$AzH^3$, ne donnaient pas de coloration sensible par addition directe de ce réactif. Pour le déceler, nous avons dû distiller l'eau de façon à recueillir sous un petit volume de liquide tout l'ammoniaque qui se trouvait dans un litre.

---

(1) F. Baucher et G. Dommergue : *Traité pratique d'Analyse chimique et microbienne des Eaux d'alimentation* ; page 40.

Les dosages qui suivent n'ont été faits que sur les eaux analysées à Toulouse en 1896.

### ALUMINE ET FER

Dans la liqueur filtrée séparée de la silice, nous avons ajouté de l'ammoniaque jusqu'à réaction nettement alcaline et porté à l'ébullition.

Les oxydes de fer et d'alumine ont été ainsi précipités.

Après filtration, lavage à l'eau bouillante et incinération ils ont été pesés les deux ensemble car ils étaient en si petite quantité qu'il n'était pas possible de les séparer.

### CHAUX

La chaux a été dosée directement sur un litre d'eau. Après évaporation à 500 centimètres cubes, nous y avons ajouté du chlorhydrate d'ammoniaque pour maintenir la magnésie en solution puis de l'ammoniaque en excès.

La chaux a ensuite été précipitée à l'état d'oxalate de chaux insoluble par addition d'oxalate d'ammoniaque.

Après l'avoir abandonné pendant 24 heures dans un endroit chaud, le précipité a été lavé sur un filtre sans plis à l'eau distillée bouillante jusqu'à ce que les eaux de lavage ne fussent plus acides. Nous l'avons ensuite incinéré. Le carbonate de chaux obtenu a été transformé en sulfate au moyen d'acide sulfurique et pesé. Cela nous a donné le poids de la chaux contenu dans un litre d'eau analysée.

### MAGNÉSIE

Dans la solution provenant du dosage de la chaux et renfermant la magnésie en solution, nous avons précipité celle-ci au moyen du phosphate d'ammoniaque.

Le phosphate ammoniaco-magnésien formé a été jeté sur un filtre sans plis et lavé à l'eau ammoniacale chaude.

Après dissication, le filtre et le précipité ont été incinérés au moufle dans un creuset de platine taré.

Nous avons pesé et du poids de pyrophosphate de magnésie obtenu, nous avons déduit le poids de la magnésie renfermée dans l'eau.

### SOUDE DE POTASSE

Le résidu de deux litres d'eau sur lequel a été dosé l'acide carbonique (page 65) a été repris par l'eau distillée, puis filtré pour le séparer du sable auquel il était mélangé.

Après lavage du filtre à l'eau bouillante, nous avons traité la liqueur claire par de l'eau de Baryte en excès. Les métaux alcalins ayant été séparés par filtration du reste du résidu, l'excès d'eau de Baryte qui se trouvait dans la solution claire a été précipité par du bi-carbonate d'ammoniaque.

Après une nouvelle filtration nous n'avons plus eu en solution que les métaux alcalins de l'eau analysée ainsi qu'un excès de carbonate d'ammoniaque. Ce dernier a été chassé par calcination. Le résidu repris par l'eau distillée acidulée d'acide chlorhydrique, examiné au spectroscope, nous a permis de constater l'absence de potassium.

Il était donc entièrement formé de chlorure de sodium.

Nous l'avons évaporé dans une capsule de platine tarée puis il a été fondu et pesé après refroidissement. Nous avons ainsi obtenu le poids de la soude cherché.

## CHAPITRE II

### Analyse Bactériologique

---

Pendant longtemps, l'analyse chimique a seule suffi à déterminer la valeur d'une eau au point de vue hygiénique ; mais depuis les travaux de Pasteur et la découverte des infiniment petits, l'analyse bactériologique est devenue le complément nécessaire de l'analyse chimique.

L'analyse bactériologique d'une eau potable comprend quatre opérations bien distinctes :

1° — Le prélèvement des échantillons ;
2° — Le transport de l'eau prélevée ;
3° — L'analyse quantitative ;
4° — L'analyse qualitative.

Pour pratiquer les analyses des eaux de Carcassonne, nous avons suivi les indications formulées par Miquel dans son *Traité pratique d'analyses bactériologiques des eaux*, en y apportant toutefois les modifications que l'expérience et les progrès de la science leur ont fait subir.

*Prélèvement des échantillons.* — Je me suis servi, pour recueillir les eaux dont j'ai fait l'analyse, de flacons de verre de 250 centimètres cubes.

Ces flacons après avoir été munis d'un bouchon de coton hydrophile, étaient portés dans une étuve à air chaud dont on élevait progressivement la température jusqu'à 180 degrés. Ils étaient maintenus une demi-heure à cette température.

Après refroidissement, les bouchons de coton étaient enlevés au moyen d'un fil de platine flambé et remplacés par des bouchons de liège, préalablement stérilisés à 180 degrés et dont on carbonisait légèrement la surface par la flamme d'un bec de Bunsen.

Ainsi stérilisés, ces flacons étaient prêts à recevoir l'eau à examiner.

Pour les remplir, on les plongeait en entier dans l'eau, et lorsqu'ils étaient complètement immergés on les débouchait, en ayant soin de maintenir constamment le bouchon sous l'eau, afin de le mettre à l'abri du contact de l'air et en évitant de le faire toucher à un corps quelconque qui le chargerait de ses bactéries.

Une fois rempli, les flacons étaient rebouchés, toujours sous l'eau, puis soigneusement ficelés et enveloppés.

*Transport de l'eau prélevée.* — Je me suis servi pour transporter les eaux que j'ai analysées, d'une glacière formée d'une caisse métallique qui contenait exactement quatre flacons de 250 centimètres cubes. Cette première boîte était renfermée dans une deuxième également métallique, qui était plus grande qu'elle de cinq centimètres sur toutes ses dimensions. L'espace compris entre ces deux caisses était rempli de glace. Une troisième boîte en bois, plus grande de six centimètres que la seconde, contenait cette dernière et une couche de sciure de bois, placée entre les deux, servait d'isolateur à la glace et l'empêchait de fondre trop rapidement.

Les flacons stérilisés étaient mis dans cette glacière une demi-heure avant de recueillir l'eau à analyser, afin de refroidir immédiatement cette dernière et d'empêcher ses germes de se multiplier.

Avec cet appareil très simple, j'arrivais à conserver pendant sept ou huit jours, dans la glace fondante, les échantillons d'eau à examiner ; mais le plus souvent il ne s'écoulait que quelques heures entre le moment où l'eau était recueillie et celui où étaient faites les premières cultures.

*Analyse quantitative.* — Avant de mettre les eaux en culture, je diluais celles provenant des filtres au 1/100 et celles venant de l'Aude ou des conduites à 1/1000 de façon à ne pas avoir plus de 20 ou 25 colonies sur la même plaque.

Au début, en 1896, je fis toutes les cultures sur gélatine nutritive placée dans des boîtes Pétri.

Ce système très simple a malheureusement un grave inconvénient, c'est que certaines bactéries ont la propriété de liquéfier la gélatine, de sorte que leurs colonies envahissent peu à peu toute la plaque et rendent, au bout de quelques jours, la numération impossible.

Pour obvier à cet accident, j'employais ces temps derniers une méthode conseillée par Miquel.

Au lieu de mettre un centimètre cube d'eau diluée dans une seule plaque, je la répartissais, à raison de 2 gouttes par vase, dans dix vases de Miquel à fond plat, renfermant une mince couche de gélatine liquéfiée ou dans de simples tubes à essais contenant une couche de 2 centimètres de gélatine.

Ainsi, les colonies étaient bien séparées les unes des autres et on ne redoutait pas la liquéfaction trop hâtive de toutes les plaques.

Les cultures étant faites, je les plaçais dans un endroit obscur dont la température moyenne était de 20° sans jamais dépasser 22.

Les colonies étaient notées au fur et à mesure de leur apparition jusqu'à ce qu'il ne s'en développât plus.

Après 15 ou 18 jours, l'opération était terminée.

En multipliant le titre de la dilution par le nombre de colonies données par un centimètre cube d'eau, nous obtenions le nombre de bactéries renfermées par l'eau soumise à l'expérience.

La numération des bactéries ne suffit pas à elle seule pour faire déclarer une eau suspecte ou dangereuse, car à côté du nombre de germes se dresse la question de la nature de ces germes et il est bien évident qu'une eau pauvre en microbes, mais dont les microbes sont pathogènes, est bien plus mauvaise qu'un autre échantillon riche en espèces banales.

Certains hygiénistes ont proposé de rejeter de l'alimentation toute eau contenant plus de 300 germes par centimètre cube ; or, il y en a bien peu dans ce cas, et nous serions bien loin du compte avec les eaux provenant des filtres de la ville de Carcassonne, qui cependant sont des eaux très potables.

Miquel classe les eaux de la façon suivante, d'après leur teneur en microbes :

| | Bactéries par centimètre cube : | | | |
|---|---|---|---|---|
| Eau excessivement pure... | de | 0 | à | 10 |
| — très pure............ | de | 10 | à | 100 |
| — pure................ | de | 100 | à | 1.000 |
| — médiocre............ | de | 1.000 | à | 10.000 |
| — inférieure........... | de | 10.000 | à | 100.000 |
| — très-inférieure....... | de | 100.000 et au delà. | | |

D'autre part, Macé propose le classement suivant, bien plus rigoureux :

| | Bactéries par centimètre cube ; | | | |
|---|---|---|---|---|
| Eau très pure........... | de | 0 | à | 20 |
| — très bonne......... | de | 20 | à | 100 |
| — bonne............. | de | 100 | à | 200 |
| — médiocre........... | de | 200 | à | 500 |
| — mauvaise........... | de | 500 | à | 1.000 |
| — très mauvaise...... | de | 1.000 | à | 10.000 |

Le Comité consultatif d'hygiène publique de France semble avoir adopté la classification de Miquel pour les conclusions des analyses d'eaux faites dans son laboratoire (1).

D'ailleurs, le nombre de bactéries d'une eau, d'une eau de rivière surtout, varie suivant le temps et l'époque de l'année ; le maximum d'impureté est généralement atteint vers la fin de l'automne.

Les deux tableaux suivants montrent les variations des richesses moyennes mensuelles des eaux de rivière et de canal distribuées à Paris.

MOYENNES MENSUELLES

| Mois | Bactéries par centimètre cube : Seine à Ivry | Marne à St-Maur | Ourcq. |
|---|---|---|---|
| Janvier | 52.670 | 75.960 | 143.370 |
| Février | 43.120 | 58.120 | 63.720 |
| Mars | 34.710 | 57.750 | 47.780 |
| Avril | 38.640 | 16.310 | 22.660 |
| Mai | 12.930 | 12.890 | 29.340 |
| Juin | 28.150 | 14.270 | 7.340 |
| Juillet | 14.130 | 10.450 | 7.730 |
| Août | 6.780 | 13.570 | 8.520 |
| Septembre | 20.220 | 6.410 | 8.070 |
| Octobre | 22.350 | 11.860 | 12.560 |
| Novembre | 37.720 | 95.590 | 135.700 |
| Décembre | 78.950 | 62.470 | 153.200 |
| *Moyennes annuelles.* | 32.530 | 36.305 | 53.330 |

(1) *Recueil des Travaux du Comité consultatif d'hygiène publique de France.* Tome XXVII ; année 1897 ; page 32 et suivantes.

MOYENNES SAISONNIÈRES

| Saisons | Bactéries par centimètre cube : Seine à Ivry | Marne à St-Maur | Ourcq. |
|---|---|---|---|
| Hiver........... | 43.500 | 63.940 | 84.955 |
| Printemps........ | 20.570 | 14.490 | 19.780 |
| Été............. | 13.710 | 10.140 | 8.105 |
| Automne....... | 46.340 | 56.640 | 100.485 |
| *Moyenne annuelle.* | 32.530 | 36.305 | 53.330 |

*Analyse qualitative.* — Dans l'analyse qualitative des eaux potables, on recherche surtout les bacilles pathogènes.

Les principaux bacilles pathogènes qui ont été rencontrés dans les eaux, sont :

1° Le vibrion septique de Pasteur.
2° Le bacille du tétanos de Nicolaïer.
3° Le staphylocoque doré et autres staphylocoques pyogènes.
4° La bactéridie charbonneuse.
5° Le bacille typhique d'Eberth.
6° Le bacille d'Escherich (*B. Coli Communis*).
7° Le vibrion du choléra de Koch.

La présence de la plupart de ces microbes n'étant pas soupçonnée dans les eaux d'alimentation de la ville de Carcassonne, nous n'y avons recherché que ceux que nous pouvions y rencontrer : le B. Coli Communis et le bacille typhïque.

*Bactérium Coli Communis.* — Le bactérium Coli Communis a été découvert en 1884 par Escherich, dans les matières fécales des nouveaux-nés, quelques heures après la naissance, et sans que les enfants aient pris autre chose que du lait maternel (1).

Le Coli-bacille se présente sous la forme de bâtonnets de longueur variable, de 3 à 4 centièmes de millimètre de largeur. Ils se colorent bien par les couleurs d'aniline, mais non par la méthode de Gram. Les colonies sur gélatine sont jaunes, grenues à la profondeur, tandis qu'elles montrent des plaques blanches parfois radiées, ridées à la surface. Ce bacille ne liquéfie pas la gélatine. Sur l'agar-agar, il donne une couche blanche. Sur la pomme de terre, il offre une culture jaune, couleur maïs et un peu humide. Il coagule le lait en donnant de l'acide lactique. Avec une solution de sucre de raisin fermentescible il produit une fermentation.

Si l'on injecte une parcelle de culture dans les veines du cou, le lapin et le cobaye meurent deux ou trois jours après avec la diarrhée et une élévation de température. On observe alors une hypéremie de l'intestin grêle et une tuméfaction de plaques de Peyer. Il en est de même si on en inocule une plus grande quantité sous la peau (2).

En 1887, MM. Chantemesse et Vidal, et, en 1888, M. Macé (3) remarquèrent que la morphologie du bacille d'Escherich était très voisine de celle du bacille d'Eberth, mais ils montrèrent qu'on pouvait les différencier facilement par les caractères des cultures. En même temps M. Macé attirait l'attention sur la présence du B. Coli dans l'eau et la considérait comme l'indication d'une contamination d'origine fécaloïde.

---

(1) *Fortschritte der Medecin,* T. III, p. 515, 1885.

(2) Cornil et Babès : *Les Bactéries* ; tome I, page 180.

(3) *Comptes-rendus de la Société de Biologie.* (Séance du 21 Février 1890).

Quelque temps après, MM. Rodet et G. Roux firent une communication à la Société de biologie (1) dans laquelle ils concluaient que le bacille typhique d'Eberth n'était autre que le bactérium Coli dans un état de dégénérescence, d'affaiblissement, ce dernier prenant dans l'organisme et surtout dans la rate, le type du bacille d'Eberth en dégénérant sans doute sous l'influence des actes destructeurs de l'organisme.

On s'est ainsi trouvé en présence de deux écoles ; celle des unicistes prétendant que le bacille d'Eberth et le Coli-bacille ne sont que les variétés d'une même espèce microbienne, et celle des dualistes qui voient dans ces deux microbes deux espèces distinctes.

Cependant cette question semble aujourd'hui résolue et c'est l'école dualiste qui paraît avoir raison.

Chantemesse et Widal, Würtz, Péré, etc..., ont prouvé, en effet, que si certains caractères sont communs à ces deux organismes, d'autres les distinguent parfaitement.

Le bacille d'Eberth ne forme pas l'Indol, à l'inverse du bacille d'Escherich ; il ne dédouble pas la lactose, comme le Coli bacille ; il ne coagule pas le lait, etc.

Dans les premiers temps de la bactériologie, on a affirmé la présence du bacille d'Eberth dans un très grand nombre d'eaux ; on ne doit pas tenir compte aujourd'hui de ces analyses, car il est maintenant démontré que ce que l'on prenait pour le bacille typhique, n'était qu'un des nombreux bacilles Eberthiformes que l'on connaît maintenant, ou tout simplement des Coli-bacilles.

Il résulte, en effet, des expériences de Grimbert (2),

---

(1) *Comptes-rendus de la Société de Biologie.* (Séance du 21 Février 1890).

(2) L. Grimbert, *Bulletin de la Société de Biologie*, avril 1894.

confirmées depuis par celles de Chantemesse, de Nicolle et de Würtz, que la mise en évidence du bacille d'Eberth n'est possible qu'autant que l'eau ne contient pas en même temps le Coli-bacille, condition qui est rarement réalisée dans la pratique, car le Coli-bacille étant l'hôte habituel de l'intestin, on le rencontre fatalement dans les eaux souillées par les déjections des typhiques.

Depuis que Brouardel a démontré que la condition étiologique la plus fréquente de la propagation de la dothiénenterie était la contamination des eaux potables par le bacille d'Eberth (1), de très nombreux échantillons d'eau suspecte ont été analysés. Schneider ne l'a rencontré que 7 fois sur 187 eaux suspectes examinées au Val-de-Grâce (2), et M. Cassebedat ne l'a jamais rencontré sur 70 échantillons d'eau de Marseille (3).

Pour rechercher le Bacterium Coli, je me suis servi du procédé de Péré (4) en le modifiant toutefois quelque peu ainsi que cela se pratique depuis quelques années au laboratoire de M. Guiraud, Professeur d'Hygiène à la Faculté de Toulouse.

Ce procédé a toujours donné de bons résultats, au moins pour la recherche du B. Coli dans les eaux suspectes.

Voici exactement ce mode opératoire simplifié dont je me suis servi dans toutes mes analyses.

Je préparais d'abord du bouillon de peptone ordinaire suivant la formule donnée par Lœffler (5).

---

(1) *Rapport au Comité consultatif d'hygiène*, 12 Novembre 1888.

(2) *Société de Médecine publique et d'hygiène professionnelle*, 26 Février 1889.

(3) *Annales de l'Institut Pasteur*, 25 Octobre 1890.

(4) *Annales de l'Institut Pasteur*, Février 1891, Page 86.

(5) G. Roux; *Technique Bactérioscopique*, page 91.

Le bouillon étant prêt :

1° On verse dans un matras préalablement stérilisé 100 c.c. d'eau à analyser ; ajouter 15 c.c. de bouillon et 2 c.c. de solution phéniquée à 5 p. 100 ; mettre à l'étuve à 35°

2° Dès que le trouble se produit, c'est-à-dire après 12 à 15 heures environ, ensemencer avec une œse de ce liquide en première génération deux tubes de bouillon : Le premier contenant 8 c.c. de bouillon peptone ordinaire ; le deuxième 8 c.c. du même bouillon additionné de quatre gouttes de solution phéniquée à 5 p. 100 (*soit la proportion de une goutte de solution pour deux c. c. de bouillon*).

3° Mettre ces deux tubes dans l'étuve et les y laisser six heures seulement ;

4° Au bout de six heures, que le liquide soit trouble ou non, ensemencer une œse du tube phéniqué, en deuxième génération, deux autres tubes, l'un de bouillon normal, l'autre de bouillon phéniqué. Mettre à l'étuve et attendre que le bouillon soit trouble ;

5° Cette troisième génération ensemencée sur bouillon normal donne généralement des cultures pures du B. Coli. Ce procédé est d'une grande sensibilité ; il a permis à M. G. Roux de déceler le B. Coli dans l'eau d'un puits qui ne renfermait que quatre bactéries par centimètre cube (1).

M. Albert Gautié cite l'expérience suivante (2) : « Après avoir rempli un matras avec un litre d'eau de Garonne (canalisation) non stérilisée renfermant, comme d'ordinaire,

(1) G. Roux ; *Lyon médical*, 26 Mars 1899.

(2) A. Gautié; *Contribution à l'Etude sur la différentiation et la recherche du Bacille typhique et du Coli Bacille.* — Thèse de Toulouse 1899, page 211.

du B. Coli, nous y avons ajouté dix gouttes de culture en bouillon de 48 heures de B. typhique et nous avons cherché à isoler ce bacille au bout de 4, 8, 12 et 15 jours par le procédé Péré, en opérant chaque fois sur 100 c. c. de cette eau. Les cultures de deuxième et de troisième génération ont été ensemencées sur plaques de milieu Grimbert et nous avons pu, pendant trois fois, isoler sur ce milieu, à côté des colonies colibacillaires, des colonies typhiques. Nous n'avons pas retrouvé ce bacille, il est vrai, au bout de 15 jours, mais il avait peut-être complètement disparu à ce moment. »

Le procédé de M. Péré, comme l'a montré son auteur, présente encore un avantage : il peut donner des indications utiles sur le degré de pollution d'une eau, suivant la rapidité avec laquelle le trouble se produit dans les ballons ensemencés.

Ayant ainsi obtenu une culture pure de B. Coli, je l'ensemençais en milieu Grimbert, pour essayer d'isoler ce microbe du B. typhique, si possible.

J'examinais en même temps la culture au microscope, d'abord sans coloration pour observer les mouvements des bacilles, ensuite en les colorant au violet de gentiane et en essayant la décoloration par la méthode de Gram.

Le milieu Grimbert est un milieu artificiel ne renfermant que des substances chimiques parfaitement définies et par conséquent toujours identique à lui-même.

Sa composition chimique se rapproche de celle du jus de pommes de terre.

Voici la formule qu'a indiquée Grimbert et son mode de préparation (1) :

(1) Grimbert. *Société de Biologie*, 25 Juillet 1896, page 815.

| | | |
|---|---|---|
| Eau distillée.................. | 1.000 | grammes. |
| Maltose...................... | 1 | — |
| Amidon soluble............... | 2 | — |
| Asparagine.................... | 2 | — |
| Phosphate neutre de potasse.... | 2 | — |
| Sulfate de potasse............. | 2 | — |
| Sulfate de magnésie........... | 2 | — |
| Bimalate d'ammoniaque........ | 2 | — |
| Carbonate de magnésie......... | 1 | — |

On ajoute à cette solution 15 p. 100 de gélatine qu'on fait dissoudre au bain-marie ; on laisse refroidir la masse à 55° environ et on ajoute un blanc d'œuf battu dans un peu d'eau. On mélange le tout et on titre l'acidité au moyen de l'eau de chaux en se servant de la phtaléine du phénol comme indicateur. On la sature avec une solution de potasse, de façon que 10 c. c. de cette gélatine demandent pour être saturés 5 c. c. d'eau de chaux.

On porte ensuite la gélatine à l'autoclave pendant un quart d'heure à 100°, on filtre et on repartit le liquide clarifié dans des tubes à essais, à la dose de 9 c. c. Au moment d'en faire usage, on ajoute au contenu d'un tube préalablement liquéfié 1 c. c. d'une solution de bromure de potassium à 10 p. 100 ou d'iodure. Daprès Grimbert, le bromure favoriserait le développement du bacille d'Eberth.

Finalement, j'essayais les réactions différentielles du B. Coli et du bacille d'Eberth.

J'ensemençais pour cela avec une culture en bouillon normal ayant subi trois passages en milieu phéniqué :

1° Un tube de lait tournesolé ;
2° Un tube de peptone ;
3° Un tube de lactose ;
4° Un tube de pommes de terre.

Tous ces milieux étaient mis à l'étuve à 35°. J'obtenais les tubes de lait en les stérilisant à l'autoclave à 120° pendant un quart d'heure ; je versais ensuite à la surface du coagulum jaunâtre qui s'était formé dans les tubes, 1 c. c. de teinture de tournesol bleue stérilisée. Cette teinture diffuse peu à peu dans le lait qui se colore entièrement en bleu.

Dans ce milieu, le B. Coli donne une coloration rouge lie de vin et le lait se coagule, tandis que le B. typhique ne change pas la coloration primitive et ne fait pas coaguler le lait.

Les tubes de peptone consistaient en une solution à 3 p. 100 de peptone sèche ; cette solution légèrement alcalinisée à la soude, était filtrée et portée pendant un quart d'heure à l'autoclave à 120°. Je l'ensemençais de germes étudiés. Après 24 heures d'étuve à 37°, j'ajoutais au liquide en culture 20 gouttes d'une solution d'azotate de potasse à 0,02 p. 100 et autant d'acide sulfurique pur.

Dans ces conditions, le B. Coli produisait l'Indol et j'obtenais une coloration rouge groseille.

Quelquefois la réaction était très faible ; pour la bien mettre en évidence, je versais dans le tube deux centimètres cubes d'alcool Amylique pur, qui par agitation s'emparait du composé nitrosé formé et décelait sa présence.

Le B. d'Eberth, au contraire, cultivé dans les mêmes conditions, ne donne pas la réaction de l'Indol.

Pour avoir les tubes lactosés, j'ajoutais, à une solution de peptone à 3 p. 100, 3 grammes p. 100 de lactose pure, exempte de glucose. Je stérilisais à l'autoclave. Dans le cas de présence de B. Coli on obtient une fermentation généralement après 12 heures d'étuve. Le bacille typhique ne produit pas de réaction dans les mêmes conditions.

Enfin j'obtenais les tubes de pomme de terre en mettant pans de gros tubes à essais, étranglés à leur partie inférieure (*tubes de Roux*) des tranches de pommes de terre jaunes, qui sont les plus riches en amidon.

Pour les stériliser, je les faisais cuire à l'autoclave à 115° pendant trois quarts d'heure.

J'avais ainsi, avec le B. Coli, une trace jaunâtre épaisse ; parfois elle était brunâtre ou verdâtre.

Le bacille d'Eberth donne au contraire une trace humide à peine visible.

Cette dernière réaction qui pendant longtemps a passé pour caractéristique n'est pas constante, aussi ne doit-on accorder qu'une valeur relative aux caractères de culture sur pomme de terre.

Comme nous l'avons vu, le B. Coli possède des réactions bien nettes, tandis que le bacille d'Eberth n'a que des caractères négatifs.

Aussi, dans nos analyses où nous avons presque toujours trouvé le B. Coli dont nous n'affirmions, du reste, la présence qu'après avoir obtenu toutes les réactions que nous venons de décrire, ne nous a-t-il pas été possible de déceler le bacille typhique.

Grâce à l'extrême obligeance de M. Grosjean, Médecin-Vétérinaire au 17me Régiment de Dragons, j'ai pu, dans quelques cas, faire une expérimentation sur des cobayes qu'il a bien voulu mettre à ma disposition et dont il a fait l'autopsie.

A l'aide d'une seringue Pravaz, j'injectais un centimètre cube de culture pure de Coli bacille dans la partie péritonéale des cobayes.

Les résultats obtenus ont été très variables. D'ordinaire un état de prostration générale suivait l'inoculation ; il y avait élévation de la température, et le poil était hérissé. La mort survenait après 48 heures. A l'autopsie, on trouvait de fausses membranes fibro-purulentes, un fort catarrhe intestinal avec gonflement et desquamation des plaques de Peyer, des hémorragies circonscrites. La rate avait augmenté de volume. Le Coli bacille était retrouvé dans le sang, le foie, la rate, les reins et l'urine.

Dans d'autres cas, au contraire, l'animal ne succombait pas et après trois ou quatre jours de prostration et de fièvre il reprenait sa vie normale.

---

# TROISIÈME PARTIE

## Qualité des Eaux d'alimentation de Carcassonne

### LEUR ROLE AU POINT DE VUE HYGIÉNIQUE

Nous avons vu comment la ville de Carcassonne était alimentée en eau, il nous reste maintenant à examiner quelle est la qualité de cette eau et le rôle qu'elle a joué dans la propagation des maladies épidémiques.

Il y a quelques années, avant la réparation des galeries de l'Origine et la construction de celles de Maquens, lorsqu'on se contentait d'envoyer purement et simplement les eaux de l'Aude, décantées ou non dans la vieille conduite de Pitot, Carcassonne était une des villes les plus abondamment pourvue d'eau, comme le prouve la statistique suivante empruntée à Bechmann (1) :

---

(1) Bechmann. Distributions d'eau, Paris 1888.

| Nom des Villes | Population | Alimentation par habitant et par jour |
|---|---|---|
| Rome....... | 303.383 | 1.000 litres (?) |
| Washigton.. | 112.000 | 700 — |
| Détroit..... | 118.000 | 574 — |
| Lausanne... | 29.000 | 560 — |
| Marseille.... | 318.868 | 450 — |
| Chicago..... | 503.304 | 431 — |
| Carcassonne. | 25.971 | 400 — |
| Boston...... | 416.000 | 348 — |
| New-York... | 1.206.590 | 297 — |
| Cincinnati... | 256.708 | 287 — |
| Saint-Louis.. | 346.000 | 273 — |
| Philadelphie. | 847.544 | 257 — |
| Agen....... | 19.500 | 250 — |
| Bayonne.... | 27.416 | 250 — |
| Dijon....... | 47.039 | 240 — |
| Paris....... | 2.269.023 | 215 — |
| Lyon....... | 342.815 | 140 — |
| Londres.... | 3.398.000 | 135 — |
| Berlin...... | 1.122.330 | 75 — |
| Madrid...... | 477.500 | 15 — |

Malheureusement, si l'eau était abondante, sa qualité laissait beaucoup à désirer ; aussi Carcassonne était-il un des foyers les plus intenses et les plus notoires de la fièvre typhoïde. Dans la statistique comparée de M. Brouardel (1) (tableau II), elle vient au premier rang avec 114,7 décès pour 10,000.

Sa garnison était celle de France la plus frappée par la fièvre typhoïde. (2)

---

(1) *Recueil des Travaux du Comité consultatif d'hygiène de France*. Tomes XVIII, p. 487 et XIX p. 301.

(2) Thoinot : La fièvre thyphoïde en France ; *Recueil des Travaux du Comité consultatif d'hygiène de France*, page 444, tome XX.

Voici la statistique médicale de l'armée pour la période 1875-1889 :

| Années | Effectif | Cas | Décès | Décès 1 p. 10.000 |
|---|---|---|---|---|
| 1875...... | 931 | 39 | 21 | 225.5 |
| 1876...... | 1.038 | 67 | 13 | 125.2 |
| 1877...... | 1.084 | 215 | 4 | 369.0 |
| 1878...... | 1.110 | 157 | 16 | 144.1 |
| 1879...... | 1.179 | 69 | 4 | 33.9 |
| 1880...... | 1.041 | 111 | 13 | 124.8 |
| 1881...... | 1.016 | 143 | 12 | 118.1 |
| 1882...... | 945 | 89 | 13 | 137.5 |
| 1883...... | 1.173 | 74 | 8 | 68.2 |
| 1884...... | 1.076 | 87 | 12 | 111.5 |
| 1885...... | 820 | 133 | 16 | 195.1 |
| 1886...... | 1.035 | 146 | 10 | 88.1 |
| 1887...... | 1.021 | 102 | 9 | 88.1 |
| 1888...... | 1.089 | 54 | 3 | 27.5 |
| 1889...... | ? | 25 | 5 | ? |

La chose n'était pas surprenante ; les eaux de l'Aude dont se servait alors la population coulaient aux fontaines sans avoir été filtrée. Or, avant d'arriver à Carcassonne, l'Aude traverse un assez grand nombre de villages importants. On trouve, sur son cours, Quillan et Espéraza, qui possèdent d'importantes fabriques ; les stations balnéaires de Carcanières, d'Alet et de Campagne, qui sont assez fréquentées en été, à l'époque où les eaux sont les plus basses, ce qui augmente de beaucoup leur influence nocive. On trouve enfin, la petite ville de Limoux, qui a plus de 7,000 habitants et qui envoie à l'Aude ses égoûts et les produits éminemment infectieux de son vaste établissement d'aliénés.

Il est évident que lorsqu'un cas de fièvre typhoïde venait à se déclarer dans une de ces villes ou ces villages, les déjections du malade allaient à la rivière qui servait alors de véhicule à la maladie et la répandait dans toute la population Carcassonnaise.

Un de nos confrères, M. Dandrieu, écrivait en 1887, en parlant de cette contamination par les eaux de la rivière : (1)

« Je prendrai pour exemple ce qui se passe dans les casernes, d'abord parce que les faits sont plus saillants, la réceptivité étant plus grande chez les jeunes soldats, ensuite parce que les observations qui leur sont applicables le sont aussi, mais avec atténuation, aux autres habitants.

« L'ancien Château de la Cité a été transformé en caserne. Dans ce vieux bâtiment dont on peut s'imaginer les dispositions intérieures, il ne se produit pas de cas de fièvre typhoïde.

« La nouvelle ville a deux Casernes, la Caserne des Dragons près de l'Aude et la Caserne d'Infanterie sur le plateau d'Iéna. Cette dernière est toute récente, isolée, bien aérée, vaste, enfin construite d'après les données les plus complètes de l'Hygiène moderne. La fièvre typhoïde y règne cependant à l'état endémique. Personne n'ignore que la réceptivité des sujets, c'est-à-dire leur prédisposition à subir l'influence des micro-organismes joue un rôle considérable pendant les épidémies. C'est ainsi que dans les casernes de Carcassonne, nouvelle ville, la statistique compte beaucoup de cas de fièvre typhoïde parmi les soldats originaires de l'Est de la France. Il est encore établi que dans la population civile, les espagnols sont

---

1) **E. Dandrieu :** *Etude sur les eaux de consommation de Carcassonne, au point de vue des maladies infectieuses*, page 6.

généralement indemnes, malgré les conditions déplorables d'hygiène domestique dans lesquelles ils vivent et qui devrait faciliter la contamination par contact.

« Nous avons constaté la différence de salubrité du vieux château-caserne de la Cité et des casernes de Carcassonne. La cause de cette différence ne peut être attribuable aux sujets eux-mêmes. Pour tous, les mêmes fatigues, la même nourriture. Un bataillon arrive de Castelnaudary, une compagnie va habiter la Caserne de la Cité et reste indemne ; les autres vont à la Caserne d'Iéna et y contractent la fièvre typhoïde. Ceux de la Cité descendent à la Caserne d'Iéna et sont contaminés à leur tour. »

On ne peut attribuer cet état de choses qu'à la différence des eaux d'alimentation. Les soldats de la Cité buvaient de l'eau filtrée, ceux de la Ville-Basse de l'eau de l'Aude ; c'est cette dernière qui était la cause de tout le mal.

Et ce qui le prouve, c'est que lorsqu'on filtra les eaux de l'Aude — 1891 — et que l'on installa dans les casernes des filtres Chamberland, une diminution extraordinaire de la morbidité et de la mortalité par la fièvre typhoïde se produisit. Voici deux statistiques faisant suite à celle donnée page 89 qui le démontrent clairement.

1° Cas de fièvre typhoïde dans la garnison de Carcassonne :

| Années | Cas de fièvre | Dragons | Infanterie | Décès |
|---|---|---|---|---|
| 1890...... | 25 | 20 | 5 | 5 |
| 1891...... | 37 | 30 | 7 | 5 |
| 1892...... | 25 | 16 | 15 | 3 |
| 1893...... | 10 | 4 | 6 | 6 |
| 1894...... | 7 | 4 | 3 | 4 |
| 1895...... | 7 | 1 | 6 | 1 |
| 1896...... | 9 | 4 | 5 | 1 |
| 1897...... | 5 | 3 | 2 | 0 |
| 1898...... | 9 | 6 | 3 | 0 |
| 1899...... | 1 | 1 | 0 | 0 |

2e Satistique par mois, des décès causés par la fièvre typhoïde depuis 1889, c'est-à-dire depuis l'organisation du service médical de l'Etat-Civil, dans toute la population :

| MOIS | 1889 | 1890 | 1891 | 1892 | 1893 | 1894 | 1895 | 1896 | 1897 | 1898 | 1899 | 1900 |
|---|---|---|---|---|---|---|---|---|---|---|---|---|
| Janvier | 0 | 3 | 3 | 3 | 1 | 0 | 0 | 0 | 0 | 0 | 2 | 1 |
| Février | 1 | 0 | 0 | 5 | 0 | 0 | 2 | 0 | 0 | 1 | 1 | 0 |
| Mars | 1 | 2 | 1 | 3 | 0 | 1 | 0 | 0 | 1 | 1 | 0 | 2 |
| Avril | 0 | 0 | 2 | 2 | 0 | 3 | 1 | 2 | 0 | 0 | 2 | 1 |
| Mai | 1 | 1 | 1 | 1 | 1 | 1 | 1 | 1 | 0 | 0 | 0 | 0 |
| Juin | 1 | 3 | 0 | 0 | 0 | 0 | 0 | 0 | 0 | 0 | 0 | 0 |
| Juillet | 0 | 3 | 1 | 1 | 3 | 1 | 1 | 0 | 0 | 4 | 0 | 1 |
| Août | 2 | 2 | 3 | 4 | 2 | 3 | 2 | 0 | 1 | 1 | 3 | 1 |
| Septembre | 3 | 2 | 5 | 2 | 1 | 0 | 2 | 0 | 2 | 4 | 3 | 2 |
| Octobre | 3 | 2 | 4 | 0 | 2 | 1 | 1 | 1 | 1 | 1 | 2 | 2 |
| Novembre | 0 | 0 | 4 | 0 | 1 | 1 | 1 | 1 | 1 | 1 | 0 | 2 |
| Décembre | 5 | 2 | 6 | 0 | 1 | 0 | 0 | 0 | 1 | 2 | 0 | |
| Totaux | 17 | 20 | 30 | 21 | 12 | 11 | 11 | 5 | 7 | 15 | 13 | |
| Décès : Totaux de l'année | 604 | 664 | 697 | 669 | 719 | 668 | 592 | 569 | 634 | 597 | 649 | |

Il résulte de cette comparaison que depuis le mois de Mai 1892, époque à partir de laquelle Carcassonne a été alimentée par de l'eau filtrée, le nombre de décès occasionnés par la fièvre typhoïde a diminué de moitié. Il faut, en outre, remarquer que ce nombre avait déjà diminué de beaucoup depuis la fin de l'année 1887, pendant laquelle on fit des travaux aux filtres de l'Origine pour purifier les eaux conduites à Carcassonne.

Une autre cause d'infection est la façon de faire de la population : la grande quantité d'eau dont on a disposé a permis de la laisser couler sans cesse dans les ruisseaux qui bordent les rues, et les habitants n'ayant en général ni fosses d'aisances, ni égoûts à leur disposition, ont pris l'habitude, habitude invétérée contre laquelle il n'a pas encore été possible de réagir, de jeter au ruisseau les déjections et les résidus ménagers.

Ces ruisseaux sont ainsi devenus de petits égoûts coulant librement à fleur de terre, et comme c'est leur eau qui sert pour arroser la chaussée, on pratique ainsi un véritable épandage qui a contaminé tout le sous-sol de la ville.

Les fosses d'aisance sont, de leur côté, une cause d'infection de plus ; elles sont en général établies d'une façon déplorable. M. le docteur Peyronnet (1), Médecin des épidémies de l'arrondissement de Carcassonne, dit à ce sujet :

« Quand elles ne sont pas constituées uniquement par un trou creusé plus ou moins profondément, elles possèdent quatre murs verticaux très perméables. Les plus soignées ont un fond et sont revêtues d'une couche de ciment. Ce dernier procédé, pour être moins rudimentaire que les précédents, n'est pas meilleur pour cela. Les fissures sont fréquentes et la filtration s'opère après un temps plus ou moins long. »

De la sorte, les eaux des puits sont presque toutes souillées et il n'est plus guère possible de s'en servir pour l'alimentation.

---

(1) Dr Peyronnet : *Des Eaux de boisson à Carcassonne ; quelques mots sur le rapport de ces eaux avec la Fièvre Typhoïde* — *1890*.

J'ai eu l'occasion, l'année dernière, d'examiner les eaux de cinq de ces puits ; le premier, situé dans la rue Courtejaire ; le deuxième, dans la rue de la Liberté ; le troisième, rue de l'Aigle-d'Or ; le quatrième, rue Barbès, et le cinquième, rue de la Préfecture ; toutes étaient polluées par des matières fécales. Il est vrai que ces eaux ne servaient plus à l'alimentation, car leur goût les avait rendues suspectes.

Déjà, en 1888, M. Dandrieu avait trouvé mauvaise l'eau de cinq puits sur huit qu'il analysa.

Au mois de Septembre 1900, nousavons analysé les eaux de cinq puits réputés bons. On verra (page 107) d'après leur composition que sur ce nombre les eaux de deux seulement peuvent être rangées dans la catégorie des eaux potables ; les autres sont trop calcaires. Ils le sont d'autant plus qu'ils sont plus éloignés de la rivière. Ces puits sont situés :

1° Route de Narbonne, N° 2, à 100 mètres de l'Aude.

2° Rue Voltaire, N° 22, à 500 mètres de l'Aude.

3° Boulevard Omer Sarraut, N° 2, à 610 mètres de la rivière.

4° Boulevard Barbès, N° 101, à 500 mètres de l'Aude.

5° Rue Rancoulet, N° 19, à 700 mètres de l'Aude et à 100 mètres du Canal du Midi.

## Analyses

I. — *Eau prise dans l'Aude en aval du gué de Couffoulens le 13 Septembre 1899, après 2 mois de sécheresse.*

Température de l'eau 17°.
Température de l'air 15°.

ANALYSE CHIMIQUE

L'eau était légèrement trouble et se clarifiait par le repos.

| | |
|---|---|
| Réaction au tournesol.......... | neutre |
| Résidu à 105°.................. | 0gr 332 par litre |
| Résidu après calcination....... | 0, 267 — |
| Produits volatils au rouge...... | 0, 065 — |
| Degré hydrotimétrique total.... | 14°, 5 |
| — — permanent | 9°, 5 |
| Acide sulfurique ($SO^3$)......... | 0gr.0618 |
| Acide carbonique libre......... | 0litre0175 |
| Chlore......................... | 0gr.0276 |
| Acide azotique................. | traces très faibles |
| Azotites....................... | 0.000 |
| Ammoniaque.................... | traces |
| Carbonate de chaux............ | 0,0422 |
| Sels de chaux autres que le carbo^te | 0,0392 |
| Sels de magnésie.............. | 0,0500 |
| Oxygène pris au permanganate. | 1milli75 |

ANALYSE BACTÉRIOLOGIQUE

42.000 germes aérobies par centimètre cube. La numération a été effectuée dix-huit jours après les ensemencements.

Présence du Bacterium coli en quantité : le trouble du bouillon s'est produit dès la douzième heure.

Un centimètre cube de culture pure injecté dans le péritoine d'un cobaye a amené la mort après quarante-huit heures.

## II. — *Eau des filtres de l'Origine*

### ANALYSE CHIMIQUE

| | 13 Septembre 1899 après 2 mois de sécheresse | 9 mars 1899 après 2 mois de pluie | 4 Juin 1900 Filtre droit | 4 Juin 1900 Filtre gauche |
|---|---|---|---|---|
| | | | après une forte crue de l'Aude (1) | |
| Temp. de l'eau.... | 19° | 12° | 14° | 14° |
| Temp. extérieure.. | 15° | 10° | 19° | 19° |
| Aspect.................. | limpide | limpide | limpide | trouble |
| Réaction au tournesol.... | neutre | neutre | neutre | neutre |
| Résidu à 105°............ | 0.348 | 0.327 | 0.306 | 0.486 |
| Résidu après calcination.. | 0.272 | 0.249 | 0.240 | 0.322 |
| Produits volatils au rouge. | 0.076 | 0.078 | 0.066 | 0.164 |
| Degré hydrotimétrique total..... | 17° | 16°.6 | 16°.1 | 22° |
| — permanent.. | 11° 5 | 10°5 | 8° | 13°.5 |
| Acide sulfurique ($SO^3$).... | 0.0511 | 0.0249 | ? | ? |
| Acide carbonique libre... | 0 lit. 025 | 0 lit. 0150 | 0.0175 | 0.0250 |
| Chlore.................. | 0.0315 | 0.0319 | ? | ? |
| Acide azotique .......... | 0.0010 | 0.0012 | 0.0012 | 0.0017 |
| Azotites................ | 0.000 | 0.000 | 0.000 | traces |
| Ammoniaque............ | traces | traces | traces | traces |
| Carbonate de chaux...... | 0.0309 | 0.0618 | 0.0525 | 0.0669 |
| Sels de chaux autres que le Carbonate | 0.0650 | 0.0490 | 0.0560 | 0.1050 |
| Sels de magnésie........ | 0.0500 | 0.0500 | 0.0437 | 0.0375 |
| Oxygène pris au permanganate.... | 1mg.500 | 1mg.75 | 2mg. | 2mg. |

(1) L'Aude était montée à 3m80 au-dessus de l'étiage, la rivière était boueuse et la veille il était tombé 82 milimètres d'eau.

ANALYSES BACTÉRIOLOGIQUES

| | 13 Septembre 1899 | 9 Mars 1900 |
|---|---|---|
| Germes aérobies par centim. cube | 850 | 4.500 |
| Nombre de jours écoulés avant la numération | 20 | 15 |
| Bactérium coli | présence de q. q. colonies | présence du B. Coli |
| Production du trouble dans le bouillon phéniqué | après la 20e heure | après la 15e heure |

### III. — *Eau des filtres de Maquens prise le 25 Novembre 1895*

ANALYSE CHIMIQUE

| | |
|---|---|
| Température de l'eau dans les filtres. | 11°5 |
| Température extérieure | 10° |
| Densité | 1,000363 |
| Aspect | limpide |
| Réaction au tournesol | neutre |
| Résidu à 105° | 0,291 |
| Résidu au rouge | 0,038 |
| Degré hydrotimétrique total | 17° |
| Acide sulfurique | 0,0531 |
| — chlorhydrique | 0,0200 |
| — azotique | 0,0011 |
| — carbonique | 0,0480 |
| Silice ($SiO^2$) | 0,0083 |
| Oxyde de fer | traces |
| Alumine | traces |
| Ammoniaque | traces |

| | |
|---|---|
| Chaux (CaO)...................... | 0,0926 |
| Magnésie (MgO).................. | 0,0125 |
| Soude (NaO).................... | 0,0181 |

ANALYSE BACTÉRIOLOGIQUE

4.250 germes aérobies par centimètre cube.
Le bouillon phéniqué s'est troublé après 22 heures.
Présence de quelques colonies de B. Coli.

IV. — *Mélange de l'eau de l'Origine et de Maquens*
*Echantillon pris le 9 Mars 1900*
*dans la conduite, au regard placé en face de l'Usine.*

ANALYSE CHIMIQUE

| | |
|---|---|
| Température de l'eau............... | 9° |
| Température extérieure............. | 12° |
| Résidu à 105°...................... | 0,325 |
| — au rouge...................... | 0,238 |
| Produits volatils au rouge.......... | 0,087 |
| Degré hydrotimétrique total......... | 15°1 |
| — — permanent.... | 7°6 |
| Acide sulfurique ($SO_3$)............. | 0,0456 |
| — carbonique libre............ | 0lit·0115 |
| Chlore.............................. | 0,0362 |
| Acide azotique..................... | 0,0012 |
| Azotites........................... | absence |
| Ammoniaque......................... | traces |
| Carbonate de chaux................ | 0,0638 |
| Sels de chaux autres que le Carbonate | 0,0392 |
| Sels de Magnésie.................. | 0 0525 |
| Oxygène pris au permanganate....... | 1milgr·500 |

ANALYSE BACTÉRIOLOGIQUE

Germes aérobies par centimètre cube......... 8.900
Nombre de jours écoulés avant la numération. 15
Présence du B. Coli.

Le trouble du bouillon phéniqué se produit dès la douzième heure.

*V. — Mélange de l'eau de l'Origine et de Maquens pris dans le puisard de Maquens, le 1 Juin 1900, après une forte crue de l'Aude.*

| | |
|---|---|
| Aspect........................... | très trouble |
| Réaction au tournesol.............. | neutre |
| Résidu à 105°...................... | 0gr.434 |
| Résidu au rouge.................... | 0,358 |
| Perte au rouge..................... | 0,076 |
| Degré hydrotimétrique total.......... | 20° |
| — — permanent.... | 11° |
| Acide carbonique libre.............. | 0lit.0300 |
| — azotique.................. | 0,0015 |
| Azotites......................... | absence |
| Ammoniaque....................... | traces |
| Carbonate de chaux.................. | 0,0618 |
| Sels de chaux autres que le carbonate. | 0,0700 |
| Sels de Magnésie................... | 0,0375 |
| Oxygène pris au permanganate....... | 2milligr.250 |

*VI. — Eau prise au Réservoir d'Iéna le 25 Novembre 1895*

| | |
|---|---|
| Température de l'eau................ | 11°5 |
| Température extérieure.............. | 11° |
| Densité........................... | 1,000331 |
| Aspect............................ | limpide |
| Réaction au tournesol............... | neutre |
| Résidu à 105°...................... | 0gr.2838 par litre |

| | |
|---|---|
| Résidu au rouge | $0_{gr}$,2581 |
| Perte au rouge | 0,0257 |
| Oxygène pris au permanganate | 0,00038 |
| Degré hydrotimétrique total | 16°6 |
| Acide sulfurique | 0,0583 |
| — chlorhydrique | 0,0218 |
| — azotique | 0,0011 |
| — carbonique | 0,0540 |
| Silice ($SiO^2$) | 0,009 |
| Oxyde de fer / Alumine } dosés ensemble | 0,0014 |
| Ammoniaque | traces |
| Chaux (CaO) | 0,087 |
| Magnésie (MgO) | 0,0091 |
| Soude (NaO) | 0,0185 |

ANALYSE BACTÉRIOLOGIQUE

Germes aérobies par centimètre cube 3.750
Présence de quelques colonies de B. Coli.
Le bouillon phéniqué s'est troublé après 20 heures.

VII. — *Analyses des eaux puisées à la Fontaine du N° 15 de la rue de l'Aigle-d'Or*

| | 9 Mars 1900 | 18 Juin 1900 |
|---|---|---|
| Température de l'eau | 11° | 11°5 |
| — extérieure | 14° | 18° |
| Aspect | limpide | limpide |
| Réaction au tournesol | neutre | neutre |
| Résidu à 105° | 0gr330 p. lit. | 0gr253 par litre |
| — après calcination | 0,248 — | 0, 215 — |
| Perte au rouge | 0,082 — | 0, 038 — |
| Degré hydrotimétrique total | 16° | 14°5 |
| — — permanent | 8° | 6° |
| Acide sulfurique | 0,0400 | 0,0214 |
| — carbonique libre | 0lit.0320 | 0,0125 |
| Chlore | 0,0301 | 0,0312 |

| | | |
|---|---|---|
| Acide azotique | 0,0015 | traces |
| Azotites | faibles traces | traces très faibles |
| Ammoniaque | traces | traces |
| Carbonate de chaux | 0,0520 | 0,0515 |
| Sels de chaux autres que les carbonates | 0,0415 | 0,0490 |
| Sels de Magnésie | 0,0113 | 0,0437 |
| Oxygène pris au permanganate | 2miligr | 1miligr875 |

ANALYSE BACTÉRIOLOGIQUE

| | | |
|---|---|---|
| Germes aérobies par cent[3] | 9.500 | ? |
| Jours écoulés avant la numération | six | la liquéfaction s'est produite dès le 2e j. |
| Bactérium Coli | présence | présence |
| Trouble du bouillon phéniqué | 12 heures | 12 heures |

VIII. — *Eau puisée le 15 Décembre 1895 à la dernière fontaine du bas de la rue du 4 Septembre.*

| | |
|---|---|
| Température de l'eau de la fontaine | 11°5 |
| — extérieure | 16°5 |

ANALYSE CHIMIQUE

| | |
|---|---|
| Aspect | limpide |
| Densité | 1,000397 |
| Réaction au tournesol | neutre |
| Résidu à 105° | 0,2838 par lit. |
| — au rouge | 0,2581 — |
| Perte au rouge | 0,0257 |
| Oxygène pris au permanganate | 0,00038 |
| Degré hydrotimétrique | 16°6 |
| Acide sulfurique | 0,0583 |
| Acide chlorhydrique | 0,0218 |
| — azotique | 0,0011 |
| — carbonique | 0,0540 |
| Silice ($SiO_2$) | 0,009 |
| Oxyde de fer / Alumine } dosés ensemble | 0,0014 |
| Ammoniaque | traces |
| Chaux (CaO) | 0,087 |

Magnésie (MgO)................. 0,0091
Soude (NaO)................... 0,0185

ANALYSE BACTÉRIOLOGIQUE

Bactéries par centimètre cube............... 1.500
Présence du B. Coli.
Le bouillon phéniqué s'est troublé après 17 heures.

## IX. — *Analyse des Eaux de la Cité*

| | Eaux prises au réservoir Marcou | | EAU PRISE à la machine élévatoire le 6 Juin 1900 |
|---|---|---|---|
| | 10 Mai 1900 | 6 Juin 1900 (1) | |
| Résidu à 105°........... | 0gr. 587 p. lit. | 0.520 | 0.517 |
| Résidu après calcination.. | 0.416 | 0.424 | 0.427 |
| Perte au rouge.......... | 0.171 | 0.096 | 0.090 |
| Degré hydrotimétrique total ..... | 23°5 | 23° | 23°5 |
| — permanent.. | 13° | 12° | 12°5 |
| Acide sulfurique ($SO^3$) ... | 0.0896 | 0.0775 | 0.0741 |
| Acide carbonique libre ... | 0.0250 | 0.0300 | 0.0325 |
| Chlore................. | 0.0497 | 0.0647 | 0.0426 |
| Acide azotique.......... | 0.0015 | 0.0015 | 0.0014 |
| Azotites............... | 0.000 | 0.000 | 0.000 |
| Ammoniaque........... | traces | traces | traces |
| Carbonate de chaux...... | 0.0875 | 0.0741 | 0.0721 |
| Sels de chaux autres que les Carbonates | 0.0560 | 0.0700 | 0.0630 |
| Sels de magnésie ........ | 0.0750 | 0.0625 | 0.0562 |
| Oxygène pris au permanganate.... | 1mg. 75 | 1mg. | 1mg. 875 |

(1) Il s'était produit deux jours avant une très forte crue de l'Aude.

ANALYSE BACTÉRIOLOGIQUE

| | | | |
|---|---|---|---|
| Germes aérobies par centimètre cube. | 900 | 1150 | 1260 |
| Bactérium Coli ..................... | absence | absence | absence |

---

**Modifications, au point de vue bactériologique, subies par les eaux, par suite de leur passage à travers les divers points des conduites**

*Echantillons pris le 13 Septembre 1899, après deux mois de sécheresse*

EAU DE L'AUDE AU GUÉ DE COUFFOULENS

42.000 bactéries par centimètre cube.

Présence du B. Coli.

Le bouillon phéniqué s'est troublé dès la 12e heure.

Un centimètre cube de culture pure injecté dans le péritoine d'un cobaye a amené la mort après 48 heures.

EAU PRISE A L'ORIGINE, A LA SORTIE DES FILTRES

850 bactéries aérobies par centimètre cube.

Présence de quelques colonies du B. Coli.

EAU VENANT DE L'ORIGINE PUISÉE A MAQUENS AVANT SON MÉLANGE AVEC L'EAU DES FILTRES DE MAQUENS

4.250 bactéries aérobies par centimètre cube.

Présence du B. Coli.

Le trouble du bouillon phéniqué se produit dès la 12e heure.

MÉLANGE DES EAUX DE L'ORIGINE ET DE MAQUENS

*Echantillon pris dans le puisard de Maquens*

1.400 bactéries aérobies par centimètre cube.

Présence du B. Coli.

Le bouillon phéniqué se trouble dès la 15e heure.

Eau prise a la fontaine de la rue de l'Aigle-d'Or

3.500 bactéries par centimètre cube.
Présence du B. Coli.
Le bouillon phéniqué s'est troublé après 15 heures.
Un centimètre cube de culture pure injecté dans le péritoine d'un cobaye a déterminé une grande élévation de température et de la diarrhée qui a duré trois jours. L'animal s'est ensuite remis et la mort n'est pas survenue.

*Echantillons pris le 9 Mars 1900, après deux mois de pluie*

Eau de l'Aude au gué de Couffoulens

20.400 bactéries par centimètre cube.
Présence du B. Coli.
Le bouillon phéniqué s'est troublé après 12 heures.

Eau prise a la sortie des filtres de l'Origine

6.200 bactéries par centimètre cube.
Présence du B. Coli.
Le bouillon phéniqué ne s'est troublé qu'après 18 heures.

Eau des filtres de l'Origine puisée a Maquens avant son mélange avec les eaux des filtres de Maquens (1)

44.750 bactéries par centimètre cube.
Bactérium Coli en quantité.
Le trouble se produit dès la 12e heure.
Un centimètre cube de culture pure injectée dans le péritoine d'un cobaye a déterminé la mort après 36 heures.

---

(1) Les vignes du Chapitre sous lesquelles passe la canalisation étaient submergées et les eaux venant de l'Origine recevaient une grande quantité de ces eaux de submersion.

### Mélange des Eaux de l'Origine et de Maquens prise dans le puisard de Maquens

16.000 germes par centimètre cube.
Présence du B. Coli.
Le trouble du bouillon se produit dès la 12me heure.

### Eau prise a la fontaine de la rue de l'Aigle d'Or

15.700 germes aérobies par centimètre cube.
Présence du B. Coli.
Trouble du bouillon phéniqué dès la 12me heure.
Une injection de 1 centimètre cube de culture pure dans le péritoine d'un cobaye a déterminé la mort après 35 heures.

## *Echantillons pris le 29 Mai 1900*

### Eau des filtres de l'Origine

1.900 bactéries par centimètre cube.
Présence du B. Coli.

### Eau des filtres de Maquens dans le puisard

(On ne mélangeait pas ce jour-là les eaux des filtres de Maquens et de l'Origine.)

1.100 bactéries par centimètre cube.
Quelques colonies de B. Coli.

### Eau de l'Origine prise dans la conduite au regard de Maquens

4.900 bactéries par centimètre cube.
Présence du B. Coli.

### Eau de la conduite prise a la 1re fontaine de la route de Limoux

4.200 bactéries par centimètre cube.
Présence du B. Coli.

Eau prise a la fontaine de la rue de l'Aigle-d'Or

4.500 bactéries par centimètre cube.
Présence du B. Coli.

Une injection de 1 centimètre cube de culture pure faite dans le péritoine d'un cobaye a déterminé une élévation de température et une diarrhée qui a duré 5 jours. Après, l'animal a repris sa vie normale.

Enfin je dois citer pour être complet le résultat de trois analyses faites en Octobre 1896 par M. le Dr Rispal, Médecin aide-major au 17me Régiment de Dragons. Elles concordent avec celles qui précèdent :

1° Eau de l'Aude prise au barrage de Maquens

65.000 bactéries aérobies par centimètre cube.
Présence du Coli Bacille.

2° Eau prise dans les filtres de l'Origine

Bactéries par centimètre cube 9.500.
Présence de quelques colonies de Coli Bacille.

3° Mélange de l'Eau de l'Origine et de Maquens
prise au réservoir d'Iéna

Bactéries par centimètre cube 5.000.
Présence du Coli Bacille.

Ce sont là, croyons-nous, les seules analyses bactériologiques des eaux de Carcassonne qui aient été faites en dehors de celles que nous avons faites nous-mêmes ; car, chose extraordinaire, les deux projets de M. Bouffet et de M. Quintin ont été adoptés par le Comité Consultatif d'Hygiène de France, sans qu'une analyse complète des eaux que l'on se proposait de capter, ait été jointe au dossier.

## Eaux des Puits

Puits de Mlle Roger, route de Toulouse, n° 2. — *Profondeur 7 mètres; épaisseur de la couche d'eau 0m80; distance du puits à l'Aude, 100 mètres.*

| | |
|---|---|
| Résidu à 105° | 0gr.623 par litre |
| — après calcination | 0,503 |
| Perte au rouge | 0,120 |
| Degré hydrotimétrique total | 30° |
| — — permanent | 20°5 |
| Acide sulfurique ($SO^3$) | 0gr.070 |
| — carbonique libre | 0lit.012 |
| Chlore | 0gr.053 |
| Acide azotique | 0,0025 |
| Azotites | absence |
| Ammoniaque | traces |
| Carbonate de chaux | 0gr.011 par litre |
| Sels de chaux autres que les carbonates | 0,116 |
| Sels de magnésie | 0,092 |
| Oxygène pris au permanganate | 1miligr.750 |

ANALYSE BACTÉRIOLOGIQUE

| | |
|---|---|
| Germes aérobies par centimètre cube | 510 |
| Bactérium Coli | absence |

Puits de M. Peyronnet, 22, rue Voltaire. — *Profondeur 7 mètres; Epaisseur de la couche d'eau 1m60; Distance du puits à l'Aude 360 mètres.*

| | |
|---|---|
| Résidu à 105° | 0gr.558 par litre |
| — après calcination | 0,457 |
| Perte au rouge | 0,101 |
| Degré hydrotimétrique total | 19° |
| — — permanent | 12°8 |
| Acide sulfurique ($SO^3$) | 0gr.069 |
| — carbonique libre | 0lit.0115 |
| Chlore | 0,0543 |

| | |
|---|---|
| Acide azotique........................ | 0,0021 |
| Azotites.............................. | absence |
| Ammoniaque............................ | traces |
| Carbonate de chaux.................... | 0gr.071 par litre |
| Sels de chaux autres que les Carbonates. | 0,032 |
| Sels de Magnésie...................... | 0,093 |
| Oxygène pris au permanganate.......... | 2milligr.225 |

ANALYSE BACTÉRIOLOGIQUE

Germes aérobies par centimètre cube.... 3.633
Bactérium Coli. Présence de quelques colonies.

PUITS DE M. COMBES, 2, boulevard Omer Sarraut. — *Profondeur 3m70 ; Epaisseur de la couche d'eau 1m08 ; Distance du puits à la rivière 610 mètres.*

| | |
|---|---|
| Résidu à 105°......................... | 0gr.877 par litre |
| — après calcination................... | 0,664 |
| Perte au rouge........................ | 0,213 |
| Degré hydrotimétrique total........... | 51°5 |
| — — permanent...... | 22°7 |
| Acide sulfurique ($SO^3$)................ | 0gr.122 par litre |
| — carbonique libre.................... | 0lit.008 |
| Chlore................................ | 0,0894 |
| Acide azotique........................ | 0,0031 |
| Azotites.............................. | traces |
| Ammoniaque............................ | traces |
| Carbonate de chaux,................... | 0,2523 |
| Sels de chaux autres que les carbonates. | 0,1232 |
| Sels de Magnésie...................... | 0,2075 |
| Oxygène pris au permanganate.......... | 2miligr.75 |

ANALYSE BACTÉRIOLOGIQUE

Germes aérobies par centimètre cube.... 3.750
Bactérium Coli. Présence.

Puits de M. Roger, 101, boulevard Barbès. — *Profondeur 7m ; Epaisseur de la couche d'eau 2m10 ; Distance du puits à l'Aude 390 mètres.*

| | |
|---|---|
| Résidu à 105° | 1gr.335 par litre |
| — après calcination | 1,095 |
| Perte au rouge | 0,240 |
| Degré hydrotimétrique total | 44° |
| — — permanent | 20°5 |
| Acide sulfurique ($SO^3$) | 0,0789 |
| — carbonique libre | 0lit.0255 |
| Chlore | 0,0710 |
| Acide azotique | 0,0029 |
| Azotites | traces |
| Ammoniaque | traces |
| Carbonate de chaux | 0,2245 |
| Sels de chaux autres que les Carbonates | 0,1288 |
| Sels de Magnésie | 0,1412 |
| Oxygène pris au permanganate | 2miligr.50 |

ANALYSE BACTÉRIOLOGIQUE

Germes aérobies par centimètre cube.... 3.200

Bactérium Coli. Présence.

Puits de M. Landrac, rue Rancoulet, N° 19. — *Profondeur 10m 10 ; Epaisseur de la couche d'eau 6m65 ; Distance du puits à l'Aude 900 mètres.*

Ce puits est à 50 mètres du Canal du Midi. Le fonds du puits se trouve à 3m23 au-dessus du niveau des eaux du canal.

| | |
|---|---|
| Résidu à 105° | 1gr.141 par litre |
| — après calcination | 0,991 |
| Perte au rouge | 0,150 |
| Degré hydrotimétrique total | 57° |
| — — permanent | 31°1 |
| Acide sulfurique ($SO^3$) | 0gr.1249 |
| — carbonique libre | 0lit.0125 |
| Chlore | 0,1217 |

Acide azotique........................... 0,0041
Azotites............................ traces très sensib.
Ammoniaque.............................. traces sensibles
Carbonate de chaux...................... 0,2719
Sels de chaux autres que les carbonates.. 0,1316
Sels de magnésie........................ 0,2337
Oxygène pris au permanganate........... 5milligr.125

ANALYSE BACTÉRIOLOGIQUE

La numération n'a pu être faite, la liquéfaction totale des plaques s'étant produite après 48 heures.

Bactérium Coli : présence.

## Interprétation des résultats obtenus

Le Comité Consultatif d'Hygiène de France a fixé dans le tableau suivant les limites entre lesquelles peuvent varier les éléments principaux contenus dans un litre d'eau :

| ÉLÉMENTS | EAU très pure | EAU potable | EAU suspecte | EAU mauvaise |
|---|---|---|---|---|
| Degré hydrotimétrique total..... | 5 à 15° | 15 à 20° | + de 30° | + de 100° |
| — — après ébullition | 2 à 5° | 5 à 12° | 12 à 18° | + de 20° |
| Chlore.............................. | — de 0,015 | — de 0,040 | 0,050 à 0,100 | + de 0,100 |
| Acide sulfurique................. | 0,002 à 0,005 | 0,005 à 0,030 | + de 0,030 | + de 0,050 |
| Oxygène emprunté au permanganate............................ | — de 0,001 | — de 0,002 | 0,003 à 0,004 | + de 0,004 |
| Matières organiques et produits volatils........................ | — de 0,015 | — de 0,040 | 0,040 à 0,070 | + de 0,100 |

On voit par là que les eaux de Carcassonne prises dans les filtres de Maquens ou dans ceux de l'Origine ont, en temps normal, la composition d'une eau potable. Celles de la Cité s'en rapprochent aussi tellement qu'on peut les ranger dans la même catégorie. Les eaux de puits, au contraire, sont en général mauvaises et elles le sont d'autant plus que les puits sont plus éloignés de l'Aude.

Il y a quelques années, on condamnait sans rémission toute eau dans laquelle on décélait la présence du Bactérium Coli. C'était là, il y a peu de temps encore, la jurisprudence du Comité consultatif d'hygiène de France. Cependant, depuis qu'on a trouvé ce microbe dans beaucoup d'eaux dont les qualités ne sauraient être suspectées, il y a une tendance à se montrer moins sévère et à ne pas les repousser d'une façon aussi absolue et à tenir grand compte, non pas seulement de la présence du bactérium Coli, mais surtout de son abondance dans l'eau.

Le bactérium Coli se rencontrant dans toutes les selles mélangé aux autres microbes intestinaux, on en avait conclu que si une eau contenait ce microbe, elle avait nécessairement été en contact avec des matières fécales.

Mais, aujourd'hui, grâce aux méthodes employées pour rechercher le bactérium Coli, on est arrivé à déceler sa présence dans l'air, dans l'eau, dans la terre, etc. M. Grimbert a présenté, il y a quelque temps, à la Société de thérapeutique (23 Octobre 1895), au nom de M. Choquet et au sien, une note sur la présence de ce bacille à l'état de saprophyte dans la bouche de l'homme sain. Chez soixante sujets examinés, le Coli bacille a été trouvé vingt-sept fois. Sa présence a été notée surtout au niveau des amygdales, pour lesquelles trente-six ensemencements ont donné dix-neuf résultats positifs.

Dans cette même séance, M. Pouchet a déclaré que le bacille d'Escherich existe en abondance dans l'atmosphère des villes, notamment lorsque le temps est sec. Une ondée est, en général, susceptible d'entraîner la diminution du nombre des bactéries, parfois même leur disparition. Du reste, la virulence de ce microbe est des plus variables, elle peut parfois faire totalement défaut.

M. Lignières, de son côté (1), a trouvé le bactérium Coli dans le foin sec et les fourrages.

Dans les *Annales de Micrographie* (2), M. de Frendenreich, dont l'autorité est grande, s'exprime ainsi :

« Toute eau contenant le Coli bacille doit-elle être considérée comme suspecte ?

« Des voix autorisées se sont déjà, ces temps derniers, prononcées contre une opinion aussi absolue. Ainsi, Kruse (3) fait observer que les espèces bactériennes du genre Coli sont répandues partout, dans l'air, dans la terre, etc. Le docteur Miquel, dont l'autorité en ces matières est bien connue, les trouve dans la plupart des eaux potables, à condition que l'on soumette à l'analyse une quantité suffisante d'eau. Souvent, en effet, lorsqu'on ensemence quelques gouttes d'eau dans un bouillon phéniqué tenu à 42 degrés, le bouillon reste limpide. Traite-t-on, au contraire, 100 centimètres cubes ou 1 litre de la même eau par ce procédé, on voit alors le bouillon se troubler et donner le bacille Coli. Aussi, trouve-t-on aujourd'hui le bactérium Coli plus fréquemment dans l'eau qu'autrefois. Pour ma part, je le rencontre souvent, même dans les eaux de source, quand j'analyse près de 100 centimètres cubes ; tandis qu'un seul centimètre cube donne des résultats négatifs. Une fois même, j'ai trouvé le bactérium Coli dans l'eau d'une source captée à 6 mètres de profondeur et dont l'analyse chimique et bactériologique, celle-ci faite deux fois, avait donné un résultat très favorable ; mais tandis qu'on le trouvait dans 100 centimètres cubes d'eau,

---

(1) *Comptes-rendus de la Société de Biologie*, 1894, p. 137.

(2) *Annales de Micrographie*, Juillet-Août 1895, p. 327.

(3) Zeitschrift für hygiène u. *Infecktionskrankheiten*, t. XVII, p. 1.

l'analyse d'un seul centimètre cube ne permettait pas de le retrouver. »

« De tout ce qui précède il me semble devoir être conclu que la seule présence du bactérium Coli dans une eau potable ne suffit pas pour la faire considérer comme dangereuse. »

Il résulte de ceci, qu'on ne doit attacher qu'une importance relative à la présence de quelques colonies de bactérium Coli qui se trouvent dans les eaux des filtres de Maquens et de l'Origine ; on doit les considérer comme potables ; au contraire, il faut absolument rejeter de l'alimentation les eaux prises purement et simplement dans l'Aude et celles venant de l'Origine lorsqu'elles arrivent en ville après avoir traversé la conduite où elles se chargent d'une quantité considérable de bactéries. Ces dernières eaux ne sont pas potables ; c'est principalement en hiver, lorsqu'elles se souillent énormément par l'infiltration des eaux de submersion des vignes du Chapitre qu'elles sont le plus dangereuses.

Nous croyons qu'il serait bon, en attendant que les réparations projetées à la conduite soient faites, de supprimer pendant l'époque des submersions, l'envoi de ces eaux en ville, car elles constituent un véritable danger pour la santé publique.

L'examen bactériologique des eaux de la Cité montre que ces eaux sont très potables.

# CONCLUSIONS

1° La Cité est alimentée en eau d'une façon très satisfaisante, ses eaux sont très potables et en quantité suffisante ;

2° Les eaux des filtres de l'Origine sont absolument semblables à celles des filtres de Maquens ;

3° Ces eaux bien que provenant d'infiltrations de l'Aude, sont des eaux potables ;

4° Les eaux de l'Origine se polluent en traversant la conduite ; quand elles arrivent en ville elles sont contaminées et il y a danger de s'en servir pour l'alimentation. La contamination atteint son maximum pendant l'hiver à l'époque des submersions ;

5° Les eaux venant de l'Origine et de Maquens se souillent partiellement en traversant la canalisation en ville ;

6° Le filtre de gauche de l'Origine n'est pas suffisamment protégé contre les crues de l'Aude ; ses eaux deviennent troubles en temps d'inondation ; il en est de même de la partie postérieure des filtres de Maquens ;

7° La quantité d'eau envoyée en ville est plus que suffisante ;

8° Pour que cette eau soit potable à son arrivée en ville, il faut refaire ou du moins réparer la conduite de l'Origine et la canalisation en ville ;

9° Lorsque les travaux qui sont projetés seront terminés, il sera nécessaire pour compléter l'assainissement de la ville de la doter d'un réseau complet d'égoûts ;

10° Les eaux des puits de la ville sont en général mauvaises, elles le sont d'autant plus que les puits sont plus éloignés de la rivière.

# BIBLIOGRAPHIE


Bechmann. — Distributions d'eaux. Paris 1888.

Besse. — Histoire des Antiquités de Carcassonne.

Bouffet. — Rapports au Conseil municipal de Carcassonne.

Baucher et Dommergue. — Traité pratique d'analyse chimique et microbienne des eaux d'alimentation.

César. — De Bello Gallico.

Cassedebat. — Annales de l'Institut Pasteur.

Cornil et Babes. — Les Bactéries.

Cornet-Peyrusse. — Rapport sur l'alimentation en eau filtrée de la ville de Carcassonne.

Cornac. — Rapport au Conseil municipal de Carcassonne.

Cros-Mayrevieille. — Les monuments de Carcassonne.

Dandrieu. — Etude sur les eaux de Carcassonne au point de vue des maladies infectieuses.

Dumègue. — Histoire générale du Languedoc.

Duponchel. — Traité d'Hydraulique et de Géologie agricole.

Foncin. — La Cité de Carcassonne.

Frébault. — Manipulations de Chimie.

Frendenréich (de). — Sur le Bactérium Coli. (Annales de Micrographie).

Gautier A. — Contribution à l'Etude sur la différenciation et la recherche du Bacille Typhique et du Coli Bacille.

Gautier G. — De la formation de la basse plaine de Narbonne.

Grimbert. — Comptes-rendus de la Société de Biologie.

— — Comptes-rendus de la Société de Thérapeutique.

Jadin. — Hydrologie générale

Jourdanne. — Les variations du littoral Narbonnais.

Jungfleisch. — Manipulations de Chimie.

Kruse. — Zéitschrist für hygiène u Infetionskrankheiten.

Lignières. — Comptes-rendus de la Société de Biologie.

Livre de la Chaîne. — Manuscrit des archives municipales de Carcassonne.

Mahul. — Cartulaire et archives des communes du diocèse et de l'arrondissement de Carcassonne.

Miquel. — Traité pratique d'analyses bactériologiques des eaux.

Péré. — Analyses des eaux d'Alger. (Annales de l'Institut Pasteur.)

Pline. — III. — V. — 6.

Peyronnet. — Des eaux de boisson à Carcassonne.

Pouchet. — Comptes-rendus de la Société thérapeutique.

Quintin. — Amélioration de la distribution de l'eau de la ville de Carcassonne.

Recueils des travaux du comité consultatif d'hygiène publique de France.

Rietsch. — Recherches bactériologiques sur les eaux de Marseille.

Rodet et Roux (de Lyon). — Comptes-rendus de la Société de Biologie.

Roux G. — Précis d'analyse microbiologique des eaux.

Schneider. — Comptes-rendus de la Société de médecine publique et d'hygiène professionnelle.

Simonneau. — Mémoire à l'appui d'un avant-projet d'établissement de fontaines publiques à la Cité.

Violet le Duc. — La Cité de Carcassonne.

Viguerie. — Manuscrit de la bibliothèque de la ville de Carcassonne.

Viguier. — Etudes géologiques sur le département de l'Aude.



Carcassonne. — Imprimerie A. GABELLE, rue Barbès, 5

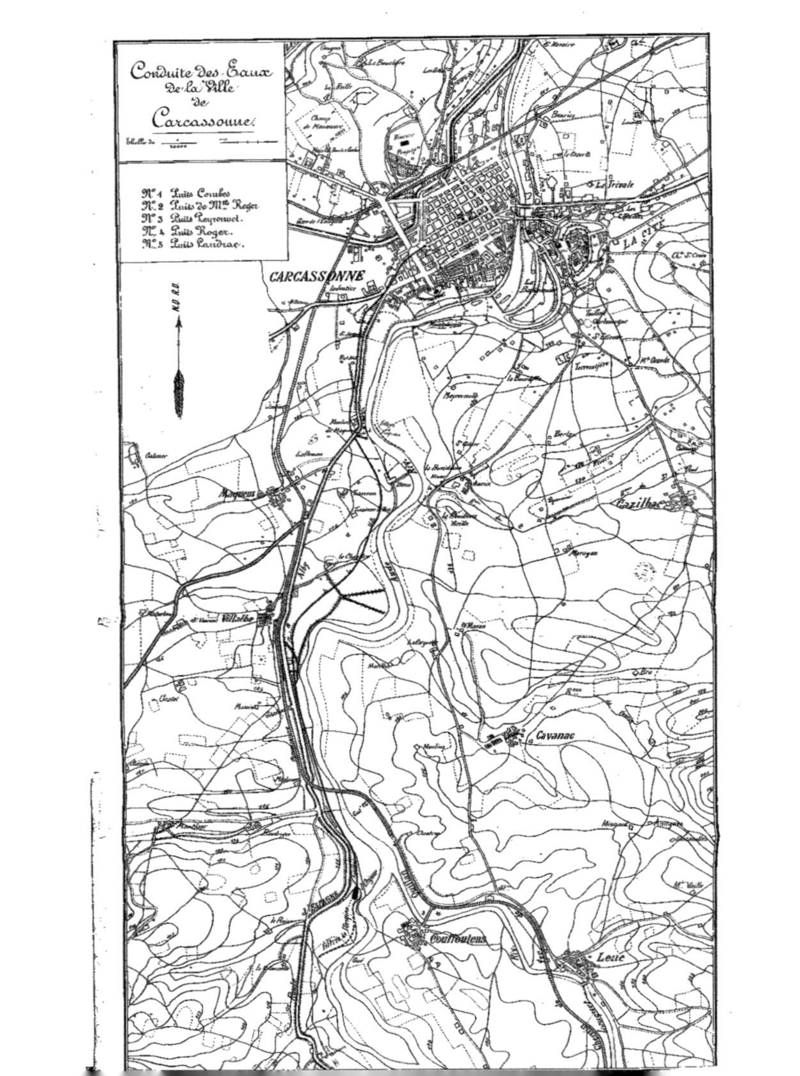
Conduite des Eaux
de la Ville
de
Carcassonne
Échelle de 1/10000
N° 1 Puits Combes
N° 2 Puits de Mlle Roger
N° 3 Puits Peyronnet.
N° 4 Puits Roger.
N° 5 Puits Landrac.
N.O. R.O.
CARCASSONNE
LA CITÉ
Cazilhac
Cavanac
Villalbe
Maquens
Couffoulens
Leuc
Aude

www.ingramcontent.com/pod-product-compliance
Ingram Content Group UK Ltd.
Pitfield, Milton Keynes, MK11 3LW, UK
UKHW020328180726
13839UKWH00002B/598